ビジネスの武器としての「デザイン」

奥山清行
KEN OKUYAMA DESIGN

祥伝社

突然ですが、質問です。

エスカレーターは
なぜあの形なのか、
疑問に感じたことはありますか？

現在の原型とも言える、
ステップが付いたエスカレーターが
誕生したのは、1900年ごろのこと。
そこから100年以上、
基本形は変わっていないといいます。

今では、片側を空《あ》けるようになり、
朝の通勤ラッシュの駅では、
早く進みたいのに、と思いながら
長蛇《ちょうだ》の列に並んでいる人も多いことでしょう。

では、改めて。

そんな不便さを感じる中で、みなさんは、

どんな形にしたらエスカレーターが
より便利になるのか、

考えたことがあったでしょうか？　実際、この質問をすると、

「当たり前のものすぎて、考えたことがなかった」

と言われる場合がほとんどです。

でも、実はここに疑問を抱けるかどうかが、
「デザイン」をビジネスの武器に
できるかどうかの分かれ道になります。

私は、これまでにフェラーリ・エンツォ、マセラティ・クアトロポルテなどの自動車デザインにはじまり、独立後は秋田新幹線、北陸新幹線、豪華列車「トランスイート四季島《しきしま》」、大阪メトロといった鉄道デザインから、ヤンマーのトラクター、セイコーの時計、鉄瓶《てつびん》や眼鏡といった地場産業の開発〜販売までを担《にな》うデザインコンサルティングを行なってきました。

そして今は、高齢化が進む現代の中で、移動手段としてのモビリティの創出といった社会的な課題解決をデザインすることにも携《たずさ》わっています。

だからこそ、その経験を通して、デザインへの誤解を解いていきたい。

単なる「表面的なデザイン」ではなく、

実際に使える「デザインの考え方」とは何なのか？

「デザイン」の定義から

ビジネスの最前線における「デザインの今」についてまで、

本書の中でお伝えしていきたいと思います。

Prologue
「デザイン」を理解せずに、これからの「ビジネス」はできない

ほとんどの商品が、人の心を打てていない現実

今、「デザイン」が世の中に溢《あふ》れている。

もちろんこれまでの時代にもデザインはたくさんあった。ただ、これほどデザインがビジネスの面から見て、本当の意味で重要視されている時代は、なかったのではないだろうか。

一歩街に出れば、色鮮《あざ》やかな広告が目に入り、空間をデザインした商業施設が増え、お店に入れば差別化を図って個性を謳《うた》った商品が目白押しだ。

リアルな世界以外でも、ネットにつながれば、インパクトのあるムービーやウェブページなど、見映《みば》えの良いものが盛りだくさんである。

しかし、そうしたもののほとんどが、狙った効果を生み出せていないのも事実だ。それぞれの担当者が試行錯誤《しこうさくご》してデザインしたはずなのに、モノはなかなか売れず、望んだムーブメントも起こせていない。一つの商品の消費速度はどんどん早まっていくばかりで、先々の世に残るようなものやブランドも生み出せなくなってきている。

お気づきの通り、ただ良いものをつくるだけ、ただ良いスタイリングを施《ほどこ》すだけでよかった時代はとうに過ぎ去った。モノも情報も溢れすぎていて、確固たる戦略のないデザインは埋没するか、人を通過してしまっているのだ。

こうした現実を前に、私はこの本の最初でこう断言しておきたい。

本当の意味で「デザイン」を理解できなければ、これからの「ビジネス」はできない——と。

「デザイン」とは、単なるスタイリングではない

ただ、こういったデザインやそれを取り巻くビジネス面での困難な状況は、無理もないことだと思う。というのも、日本にはデザインへの大いなる誤解が、いまだに横たわっているからだ。

すなわち、「デザイン」とは色と形を決める「スタイリング」であり、「モノを美しく仕上げる技術」だと理解する向きが依然として多数を占《し》めている。

事実、国語辞典で「デザイン」を引いても、「意匠《いしょう》」「造形」「設計」などの日本語が当てられている。明治初期に外来語として入ってきた「デザイン」を「図案」と訳してしまった名残《なごり》が、150年の時を経ても消えていないのである。

確かに、「意匠」も「造形」も「デザイン」であることには違いない。

しかし、それらはデザインのごく一部だ。その本質と奥深さをカバーしているとは、

とても言えない。
私は2007年に上梓《じょうし》した『伝統の逆襲』(祥伝社)で、デザインとビジネスの関係を次のように述べた。

「本来、デザインとは『モノ』自体のコンセプトを立案し、開発からマーケティングまで、全体の枠づくりをすべき仕事なのである」

同書の刊行からすでに10年以上たっているが、デザインに対する私の考えはいささかも変わっていない。それどころか世界的な流れを見れば、デザインをそのようなものとして捉《とら》える見方がますます浸透してきている。
また、同書の中では、デザインについて、別角度からも次のように述べた。

「デザインとは、人間が、自分たちの生活を良くしたいと思って行なう創意工夫である。そこに『モノ』や『サービス』が生み出される」

いかがだろうか。冒頭のエスカレーターに対する問いは、みなさんの中の問題探究意識を目覚めさせるべくあえてしたのだが、こういった気づきにくい課題を日常的に発見できる力も、デザインを考えるうえで重要な視点なのだ。

生活を良くする「モノ」や「サービス」を生み出すためにデザインを用いて何ができるのか――これは、ビジネスの領域とも密接に関係することであり、「デザイン」を単なる表面的な「スタイリング」や「アート」と同義にしていてはいけないことが、おわかりいただけるのではないだろうか。

まず、この点を理解していなければ、デザインをビジネスに役立てることは難しいと思う。

不十分な日本の「デザイン思考」

ところで、「デザイン」と「ビジネス」という二つのワードから、「デザイン思考」という言葉を連想した人も多いのではないだろうか。

確かに「デザイン思考」の6文字が、日本で話題になって久しい。

その萌芽《ほうが》はすでに1970年前後には見られ、ハーバード大学の建築家、ピーター・ロエが『Design Thinking』という本を出版したことが、言葉としての「デザイン思考」のはじまりとされている。

そして1990年代になると、アメリカ・カリフォルニア州のパロアルトに本社を置く大手デザインファーム、IDEO社の創業者デイヴィッド・ケリーがデザインシンキングのビジネスコースをはじめたことで、デザインとビジネスの融合《ゆうごう》に道を開く形となった。

さらに、2005年に『ビジネス・ウィーク』誌が「design thinking」と題した大特集を組み、2009年にはケリーの後継者であるティム・ブラウンによる『CHANGE BY DESIGN』（日本語版『デザイン思考が世界を変える』〈早川書房〉）、2013年にはケリーと弟のトム・ケリーの共著『Creative Confidence』（日本語版『クリエイティブ・マインドセット』〈日経BP〉）が話題となり、「デザイン思考」という言葉が急激に世界に波及した。

こうした流れを受けて、日本でも一時期「デザイン思考」がバズワードとなった。「デザイン思考」を表題に掲げたセミナーや書籍も百《ひゃっ》花《か》繚乱《りょうらん》で、「デザイン思考をビジネスに生かそう」「デザイン思考を学ばないと、ビジネスシーンで時代に取り残される」という声が聞かれるようになった。

ただし、日本における「デザイン思考」は、英語の「design thinking」をそのまま日本語に置き換えたせいか、言葉だけが独り歩きしてしまった。そのため言葉の本質である概念が浸透していない。「デザイン思考とは何か」ということを掘り下げる根本的な問いかけは、不十分であると言わざるを得ない。

企業や大学でも、何となく「問題解決のためにデザイナーが行なうアプローチのこと」という解釈にとどまっているのが、実情ではないだろうか。

私は、一連の「デザイン思考」ブームの中でつかむべき本質は、「デザイナーではない人でも真の意味でのデザインは行なうことができる」ということと、「そのための思考回路こそが重要である」ということだと思う。

何もこの「デザイン思考」という言葉に必要以上に踊らされることはないのだ。ビジネスにおいてデザインに何が求められているのか、デザインという有効な武器で何ができるのかについて、もっと掘り下げて理解していけばいいのである。

これからのビジネスパーソンは「デザイン」を学べ！

現代は、様々なものの転換点だ。

すべての物事がインターネットにつながるIoT（Internet of Things）の時代は確実に進行しつつあり、ドイツが国を挙げて取り組んでいる戦略的プロジェクト「インダストリー4・0」や、アメリカのGAFA（Google・Apple・Facebook・Amazon）を中心としたIT系企業が進めている「インダストリアルインターネット」は、その象徴とも言える。

日本で「第4次産業革命」とも意訳される「インダストリー4・0」は、インターネットを通じてあらゆるモノやサービスが連携することで、機械と人、サイバー空間と現実世界を融合させるとされており、今後さらにあらゆる産業や業務に影響を与えるだろう。

またその先には、近年話題になった、人工知能（AI）が人類の知能を超える転換点「シンギュラリティ」の到来も見込まれており、現在日本の労働人口の約49％が就いている職業は、10～20年後にはAIやロボットなどによって代替《だいたい》される可能性が高いとの推測もされている（野村総合研究所による2015年12月のリリース）。

こうした世界規模で人と社会のあり方が変容する中で、そこにコミットするビジネスシーン、そしてデザインも当然のように変革を迫られている。

スタイリング的に言っても、デザインはもはやデザイナーだけのものではない。編集ソフトやアプリを駆使すれば、誰もがデザイナーが行なっているような仕事ができる時代である。

そして、全体の枠づくりの面から言っても、昨今ではビジネスパーソン個々人に、俯瞰《ふかん》して自らの仕事をデザインしていくことが求められはじめている。

裏を返せば、自分はデザイナーではないからと、デザインに対して無関心や無知でいることが許されなくなった時代とも言えるのだ。

デザインへの理解なくしては、自らのビジネスにイノベーション（革新）を起こすこともできなければ、そもそもビジネスシーンのプレイヤーとして生き残っていくこともできない。デザインを知らないビジネスパーソンは、淘汰《とうた》されてしまう可能性すらあるわけだ。

だから今こそ、すべてのビジネスパーソンにデザインに対する認識を新たにしていただき、デザインの本質を理解してもらうとともに、デザインとビジネスの関係を考えていただきたいと思う。

本書では、私がこれまで培《つちか》ってきた経験と知見をもとに、デザインをビジネスに活かすためのヒントを提示したい。少しでもみなさんのお役に立つことができれば、筆者として喜ばしい限りである。

目次

Prologue 「デザイン」を理解せずに、これからの「ビジネス」はできない

Chapter 0 なぜ、今「デザイン」が求められているのか?

Chapter

1 デザインを武器にするための「言葉のデザイン」

Chapter

2 イノベーションを生み出す「ウォンツデザイン」

Chapter
5
実際に「ビジネス」を「デザイン」するプロセス

Chapter
6 未来の社会をいかにデザインするか

カバー写真＝近藤正一
カバー写真提供協力＝ＥＮＧＩＮＥ（新潮社）
ブックデザイン＝福田和雄（FUKUDA DESIGN）
ＤＴＰ＝キャップス
編集協力＝大湊一昭

Chapter

0

なぜ、今「デザイン」が
求められているのか?

世界のエリートたちは「デザイン」の重要性を知っている

近年、日本でも海外でも、デザイン教育に注力する大学および大学院が、学生たちの人気を集めていることはご存じだろうか。

たとえばアメリカでは、スタンフォード大学の「d.スクール」(The Stanford d.school)やハーバード大学の「デザイン大学院」(The Harvard Graduate School of Design)。日本でも東京大学の「.i.スクール」(The University of Tokyo i.school)、京都大学の「デザイン・スクール」(Kyoto University Design School)などがある。

もちろんアジアやヨーロッパも同様の状況だ。

このおよそ10年余の間に、こういった美術大学の系統ではない、一般の大学におけるデザイン教育のスクールが続々と設置された。スタンフォードが「d.スクール」を

スタンフォード大学「d.スクール」のロゴ（公式HPより）

開いたのは２００５年である。

この流れは、ビジネス側からのニーズに基づいた動きと言っても過言ではない。というのも、昨今のビジネスシーンは、デザインを理解する者によって席巻《せっけん》されてきたからだ。

事実、スタンフォード大学はいち早くデザイン教育に力を入れ、「d.スクール」の開設以前から、業界を変える人材を輩出《はいしゅつ》してきた。

グーグルの共同設立者であるラリー・ペイジやセルゲイ・ブリン、ヤフーの共同創業者のジェリー・ヤンやデビッド・ファイロ……

彼らは、その象徴的人物である。

また、スタンフォード大学といえば、アップル社の創業者の一人、スティーブ・ジョブズが2005年の卒業式で行なったスピーチが「Stay hungry, Stay foolish.」という言葉とともに半《なか》ば伝説と化しているが、そのスピーチでは、彼自身が中退したリード大学でカリグラフィー（ペンによる文字のデザイン表現）を学んでいたことも語られている。

「……最初のマッキントッシュを設計していたとき、カリグラフの知識が急によみがえってきたのです。そして、その知識をすべて、マックに注ぎ込みました。美しいフォントを持つ最初のコンピューターの誕生です。もし大学であの講義がなかったら、マックには多様なフォントや字間調整機能も入っていなかったでしょう」

（日本経済新聞電子版　2011年10月19日）

こういった革新的な起業家たちの例からも、もうお気づきだろう。ビジネスにおいて、いかにデザイン的視点が重要か、世界の企業も大学も若者も明確に気づいたのだ。

失われる「デザイナーの専売特許」

そうは言っても、これまで「デザイン」は美大やデザインスクールで教えられるものであった。なぜ、今になって専門外だった一般の大学や大学院で、デザインが教育プログラムに取り入れられるようになってきたのだろうか。

東大や京大は、デザイン教育ではいわば〝亜流〟の学校である。スタンフォードもハーバードも、言うまでもなくデザインの〝本流〟ではない。

この世界的な潮流は何を意味しているのだろうか——。

こうした流れの背景の一つには、Prologueでも触れたように、フォトショップやイラストレーターをはじめとしたデジタルツールが普及したことがある。

やる気さえあれば、これまでのデザイン教育を受けてこなかった人や、手描きではイラストが描けない人でも、平均点以上のレンダリング（完成予想品を可視化すること）を描けるようになった。今では専門のデザイナーでなくとも3Dデータを扱うことができるし、3Dプリンターで実際に立体物をつくることもできる。

つまり、デザイナーではない一般の人でもデザインにアプローチできる環境が整ってきたことで、それまで美大やアート系のスクールが独占してきた「クリエイティブ」な領域の壁が崩れはじめたのだ。

この結果、これまでデザインとは縁遠かったエリートたちが、デザイン分野に参入できるようになってきたのである。おそらくAIによって、一般の人のデザイン水準はもっと上がっていくだろう。

デザインの中で、「ビジネス」の視点を教えてきたアメリカ

誰でも平均点以上のレタリングを描けるようになったことで、デザインへのハードルが下がったことは紛《まぎ》れもない事実だ。一般の大学が、デザイン教育に参入しやすくなったことも確かである。

しかし、日本の美大やデザインスクールも、デザイン教育をやめたわけではない。そんな中で、なぜスタンフォードをはじめとした一般の大学におけるデザイン教育ばかりが、日本で脚光を浴びるようになったのか——。

それは彼らが、①「文系理系の枠を超えたデザイン教育」をしており、②そのうえで「ビジネス」についても教えているからだ。

一つ目の「文系理系の枠」の観点で言えば、これまで日本のデザイン教育というのは、文系理系の区分のしがらみの中にあった。というのも、元来日本において、美大受験というのは、文系の区分だったからだ。

そのため、日本のデザイナーの多くは、文系教育の中で絵の描き方を覚えさせられ、卒業後は理系のエンジニアたちの下について、言われるがままに商品のスタイリングをするにとどまってきたのだ。

対して、アメリカのデザイン教育では、文系理系の垣根がない。むしろ理系寄りでさえあり、構造、設計から強度計算や使用する素材まで、すべてがデザインの話としてみっちり教え込まれる。

この差こそが、プロジェクトを主導していけるデザイナーと、受け身にならざるを得ないデザイナーの違いとして大きいのだ。


次に二つ目の「ビジネス」について言えば、これも残念ながら日本の美大やデザインスクールは、これまでお金に関する視点が足りていなかった（もちろんお金の面には、構造や設計の都合等もかかわるので、一つ目の「デザインにおける理系教育の欠如《けつじょ》」は、二つ目の「ビジネス」への理解にも、影響してくるわけである）。

そのため、日本のデザイナーの多くは、ビジネスを知らず、自らが施したデザインがビジネスにどのような効果をもたらすのかを、第三者に具体的に説明できないケースが多かった。

結果として、日本のデザイナーはビジネス面においてもタッチできず、企業が上流で商品のコンセプトを決めた後に、プロジェクトの最終段階の下流で、下請《したう》けとしてスタイリングのみを担ってきたのである（ちなみにこのやり方では、企業側のコンセプトとデザイナー側のスタイリングに齟齬《そご》が出るケースが増え、戦略的なモノづくりはできない）。

一方アメリカでは、ビジネス視点に特化した一般大学のデザイン教育はもちろん、それまで注目を集めていなかっただけで、実は美大やデザインスクールにおいても、ビジネスへの視点が以前から存在していた。

従来の日本とは異なり、デザインを単なるスタイリングとして捉えるのではなく、経済的な要素を前提としたうえで、「モノやサービスを創造するツール」や、「問題解決のための手段」として捉えてきたのだ。

私は1980年代前半にアメリカのデザインスクールのアートセンター・カレッジ・オブ・デザインで学んだが、そこでは当時すでに予算、売り上げ、利益、費用対効果など、いわゆるお金の側面をきちんと教育していた。

「モノをつくるときに、このくらいの台数であれば開発費はいくらかけるべきだ」「この必要装備に対して、そのスタイリングでは現実には成立し得ない」など実践的に教えられたことを記憶している。

もちろん、アメリカがすべてにおいて優れているわけではないが、少なくともアメリカでは30年以上前に、デザイン教育の中でビジネスにおける経済的側面をきちんと説明し、上流から下流までを分断せずに、全体を見通してモノづくりをすることの重要性を伝えていたのである。

現在、世界でうまくいっているビジネスの最前線では、デザイン視点のあるビジネスパーソン（または、パートナー企業のプロジェクトに上流から参画したビジネス視点のあるデザイナー）が、プロジェクト全体をリードすることが、世界的に見て普通になってきている。

実際、日本において、ビジネスにデザインの視点が重要だと気づかれてきたのも、次の項で紹介するような、デザイナーの側面を持ちながら、ビジネスにも強い人たちが世界的に活躍しているからだ。

日本のデザイナーもビジネスパーソンも、世界のビジネスの流れの中で「デザイン」と「ビジネス」「お金」の関係について理解する必要に迫られているのが、近年の動きなのである。

日本でも需要が高まる「デザイン」×「ビジネス」の人材

これまで日本のデザイン教育には、経済的側面を教えることが足りていなかったのは、お伝えしてきた通りである。

たとえば私の日本の母校でもある武蔵野《むさしの》美術大学が、「ビジネス」と「デザイン」のかかわりの変化を受けて、クリエイティブイノベーション学科を新設したのは2019年4月のこと。ようやく日本でも変化が起きはじめている最中なのだ。

したがって、従来の日本の美大やデザインスクールで育ってきた今の日本人デザイナーの多くは、経済的側面を教えられていない世代なのである。そのため、どうしてもデザインとお金、費用対効果といった考えについていくことができていない。

では、日本において「デザイン」を「ビジネス」に活かして活躍してきたのはどんな人なのかといえば、それは皮肉にも日本でデザイン教育を受けずにデザイナーになった人たちである。

たとえば、株式会社ウォーターデザイン代表取締役の坂井直樹《さかいなおき》氏。「パイクカー」と呼ばれる日産《にっさん》自動車のBe－1やａｕの携帯電話などを手がけたことで知られるデザイナーである。彼は京都市立芸術大学出身だが、入学して間もなくアメリカに渡り、15年ほどを過ごした後、日本に帰国してから起業した。

日産自動車に関連して言えば、他にもエクステリアデザイナーを務めた山中俊治《やまなかしゅんじ》氏がいる。山中氏は日産から独立後、家具やロボットをはじめ、様々なデザインをされている。その彼は東京大学工学部卒業だ。

つまり2人とも、旧来の日本のデザイン教育と無縁なのだ。

彼らのように美大やデザインスクールには行かず、海外に出ていたり、ビジネス感覚も持ち合わせていたりする人のほうが、これまで社会的に求められて活躍してきた現実があるのである。

もっとも、坂井氏や山中氏の例がすべてではない。

私もよく仕事をご一緒する佐藤可士和《さとうかしわ》氏は多摩《たま》美術大学の出身だ。**ところが彼はもともとビジネスに関心があり、「僕はアートにまったく興味がないんですよ」と言い切っている。ビジネス的価値を生まない表面的なデザインには興味がない**——共感を覚える発言である。

佐藤氏は多摩美術大学を卒業後、広告代理店の博報堂《はくほうどう》に入社した。広告代理店という業界は、ある意味で「形がないもの」に値段をつけて売ることに長《た》けている。彼はその現場を身近に見てきたので、どうすればデザインがビジネスになるのか、関心を深めていったのだろう。

だからグラフィックデザインのみならず、ブランディングや商品プロデュースとい

坂井直樹氏デザインの日産自動車「Be-1」

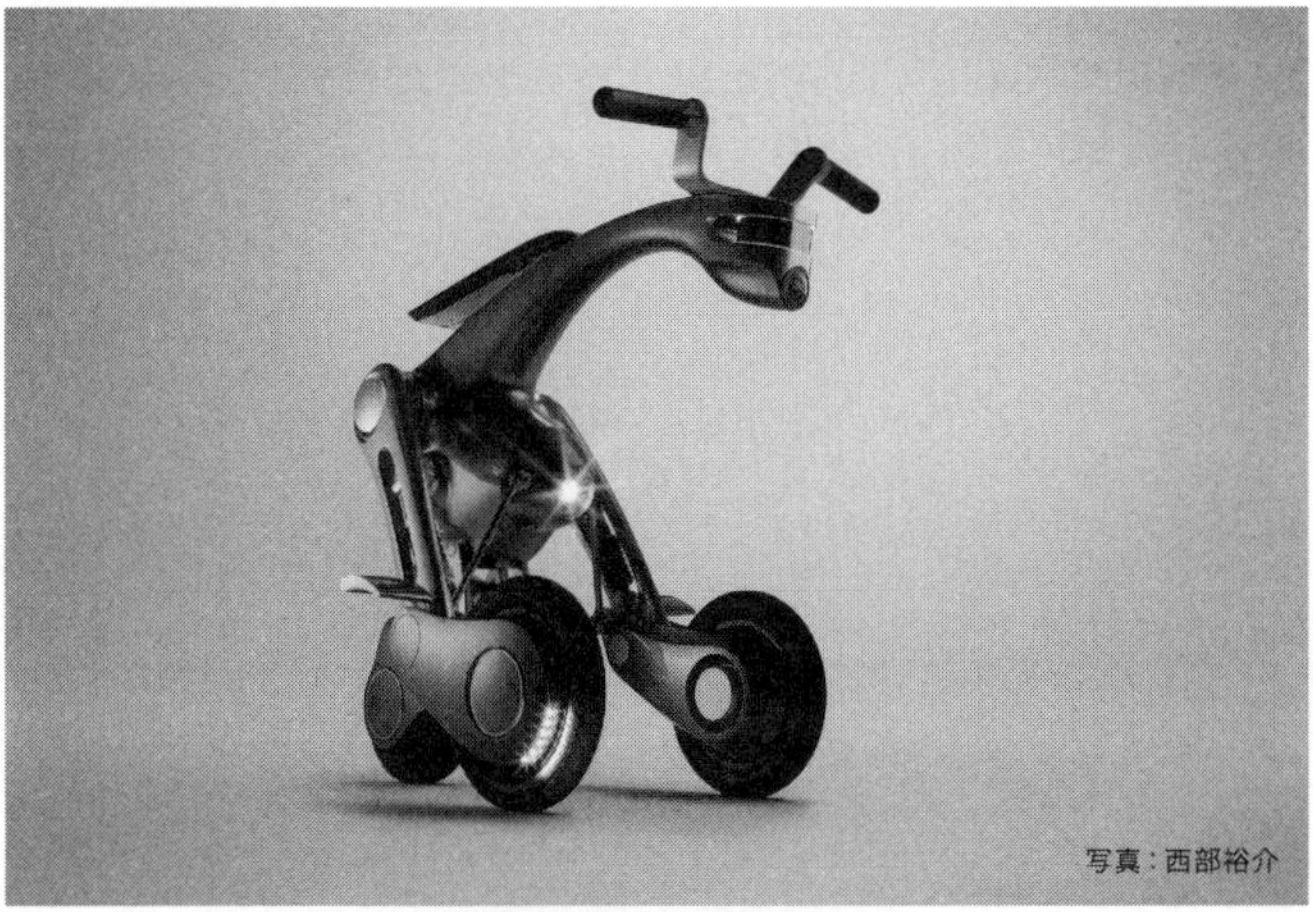

山中俊治氏のデザインで、
千葉工業大学未来ロボット技術研究センターが
開発した搭乗型・知能ロボット「CanguRo」

った多岐にわたる領域で成功を収めているのだと思う。

また近年では、企業の経営側にデザインへの視点を持つ人材が、登用《とうよう》されるケースが出てきている。

アメリカでは、デザインスクールでビジネスやファイナンスに関する教育を受けたデザイナーが、企業のバイスプレジデント（日本語では「副社長」だが、本来は部署の代表者を指す）になり、経営管理に携わることは珍《めずら》しくないのだが、日本においても日産のチーフデザイナーであった中村史郎《なかむらしろう》氏が常務執行役員を歴任（2017年に退任）したように、こうしたモデルは増えてきている。

とはいえ、もちろん中村氏はデザインのみに秀でていたわけではない。

武蔵野美術大学を卒業後いすゞ自動車に入り、アートセンター・カレッジ・オブ・デザインに留学。そこでデザインとビジネスを両立させるデザイン教育を受けたからこそ、日産にヘッドハンティングされ、最終的には経営陣の一角を占めるまでに至ったのである。

世界的に見て、組織のトップにもデザインに対する視点が求められるようになってきている。日本でも、中村氏のようなケースが、ますます多くなっていくだろう。

イノベーションツールとしての「デザイン」

いかがだろうか。アメリカにおけるビジネス視点を含んだうえでのデザイン教育の歴史や、日本におけるデザインに対する環境と理解の変化について、おわかりいただけただろうか。

こうした「デザイン」と「ビジネス」の融合の中で、さらなるイノベーションを生み出すものとして求められてきたのが、近年話題であった「デザイン思考」である。

アメリカでは、美大系であってもビジネス的な側面が教えられてきたことは前に述べたが、デザイン教育において新興のスタンフォードなどではそこをさらに進め、デザインの中にビジネスを持ち込むのではなく、ビジネスの中にデザインを持ち込むことを教えている。

そこでは、これまでの延長線上にない新しいビジネスや市場を開拓したり、行き詰まった業務や問題を抱えた社会を変革したりするためのイノベーションツールとしてデザインを捉えているのだ。

そしてそれこそが、昨今言われている「デザイン思考」の根底にあるものなのである。

そのことを裏づけるように、2005年にスタンフォード大学が立ち上げた「d.スクール」に深い関わりを持つ工学部長（当時）のジム・プラマー博士は、朝日新聞が行なったインタビューで、デザイン思考について以下のように定義づけをしている。

「ここで言うデザインは、非常に広い意味のものです。私たちの生活にかかわるあらゆる問題の解決策を見いだすことを指します。すでに存在する課題を解くのではなく、課題そのものを見つけるところからはじめてビジネスにつなげる。これが『デザイン思考』と呼ばれるものです」

（朝日新聞　2013年8月6日「オピニオン」欄から抜粋）

スタイリングやビジネス視点を含んだデザインの教育はもちろんであるが、こういった「答えがない問題に取り組んでいくデザイン教育」こそが、社会にイノベーションを生み出すものとして、より一層求められているのである。

「非連続のイノベーション」をもたらす力

なぜ今、「デザイン」が求められているのか――このChapterのタイトルでもあるが、世界的に名前を知られる大学や大学院に「デザイン」を教えるスクールが開設され、エリートたちがこぞってデザインに向かっているのは、端的に言って、**デザインが持っている問題解決能力やイノベーションの力を最大限に活用したいという社会的ニーズが生まれているからだ。**

たとえば、欧米や日本などの先進国では成熟した社会に移行しつつある。その一方で、中国を筆頭とするアジアの新興国の台頭で、競争は激化している。

当然、従来通りのビジネスを続けていては、成長を望めない。これまでやってきた方法では、もはや発展は期待できないどころか、低コストで技術的にも優秀な労働力を抱える新興国にマーケットを奪われる可能性すらある。

そこで求められているのが、これまでになかった発想に基づいて生み出されるプロダクツ（これには製品だけでなく、技術やサービスも含まれる）であり、それを生み出し続ける「非連続のイノベーション」なのだ。

「非連続のイノベーション」とは、たとえば駅馬車《えきばしゃ》（鉄道の普及以前に用いられた、旅客や貨物を輸送する屋根つきの馬車）から蒸気機関車への移行をイメージすればわかりやすいかもしれない。

これはイノベーション研究の第一人者とも言える経済学者、ヨーゼフ・シュンペーターも挙げている例だが、駅馬車の性能をどれほど向上させても蒸気機関車になることはできない。駅馬車と蒸気機関車との間には、非連続的な飛躍がある。

そうした飛躍に必要となるのが「非連続のイノベーション」の力であり、それこそがビジネスを新たなステージへと導く原動力となるのだ。

そして、この「非連続のイノベーション」をもたらすものとして、今デザインには、構想する力、構想したものを実現させる力、さらにそれをビジネスとして成り立たせる力、といったものが期待されているわけである。

今、「デザイン」には無限の可能性が広がっている。これからを生きるビジネスパーソンのみなさんには、「デザイン」を武器にするために理解すべきことや、ビジネスにおけるデザインの用い方、そして「デザイン」×「ビジネス」の今後について、具体的事例も交えながら、以降のChapterでお伝えしたい。

Chapter 1

デザインを武器にするための「言葉のデザイン」

「デザイン」とは何か？

今、「デザイン」という言葉に対して目新しさを感じる人はいないだろう。それほど私たちの周囲にはデザインが溢れている。現代人にとっては極めて使い勝手のいい言葉のようで、「〇〇デザイン」や「〇〇をデザインする」といった表現が、様々な場面で日常的に使われている。

思いつくままに挙げれば、たとえば次のようなものがある。

■ファッションデザイン
■グラフィックデザイン
■インテリアデザイン
■ウェブデザイン

■建築デザイン
■未来をデザインする
■人生をデザインする
■快適な暮らしをデザインする
■組織をデザインする
■国家をデザインする

こうして列挙してみると、前半の「〇〇デザイン」は「意匠」や「図案」にフォーカスした使い方で、後半の「〇〇をデザインする」は「枠組み」や「計画」といったことに重点が置かれているのがわかる。

Prologueでも触れたことだが、これまでの日本で「デザイン」と言えば、意匠や図案、あるいはそうしたものをつくり出すことをイメージするのが一般的だった。

単純に言えば、洋服の形を考えたり、ポスターの図案を考えたり、建物を設計したりすることがデザインだと思われてきたのだ。

そのようなデザインは、これまでにも登場してきた「スタイリング」という言葉で置き換えることができる。

しかし、それは間違いとは言えないものの、「デザイン」というものの範囲や内容を極めて狭い視野で捉えた見方である。

そもそも、デザインの語源はラテン語の「designare（デジナーレ）」とされ、本来の意味は「考えや計画を、記号や形にして表わすこと」であった。

単に好感度が上がるように見た目を美しく装《よそお》ったり、スタイリングしたりすることではない。**どちらかと言えば、具体的な問題や課題を解決するために、思考や概念の組み立てを行ない、それを様々な形で表現することなのだ。**

これまでは、ややもするとスタイリングの意味に偏《かたよ》って使われてきた「デザイン」という言葉だが、最近ではデザインの本来の意味が理解・認識されつつあり、それが「○○をデザインする」という表現や、「デザイン思考」という用語として使われるようになってきたと言えるのではないだろうか。

「デザインの本質」＝言葉を通してコンセプトを選び出すこと

以上の内容をさらに広げて考えると、デザインには「What（何を）」と「How（どのように）」の二つの領域があると言える。

デザインの本来の意味である「考えや計画を、記号や形にして表わすこと」に照らして言えば、What が「考えや計画」に当たり、How が「記号や形に表わす」ことになる。

これまでスタイリングや装いという意味でイメージされてきたデザインは、How に引きずられた見方だと言えるだろう。

デザインを語るときに、もちろん How の領域を無視することはできないが、デザインの本質ということから言えば、むしろウエイトはWhatのほうにある。

つまり、伝えるべき考えや計画がしっかりと構築されていなければ、良いデザイン、効果的なデザイン、意味のあるデザイン、ビジネスや社会にイノベーションを起こすデザインは生まれないのだ。

では、そのWhatを明確化したり、構築したりするものは何だろうか。**意外に思われるかもしれないが、それこそが「言葉」である。私はそれを「言葉のデザイン」と呼んでいる。**一方、これも一般の方々にわかりやすいように、スタイリングや装いのほうを「絵のデザイン」と呼んでいる。**そして、デザインにとってより本質的なのは、実は前者の「言葉のデザイン」だ。**おそらく一つのプロダクツ（モノやサービス）をつくり上げるときに果たす役割としては、「言葉のデザイン」が半分以上、否《いな》、ものによっては3分の2以上を占めるのではないだろうか。

だからこそ今、旧来のデザイナー以外の人にもデザイン作業は行なえるし、そのためのデザイン教育が新たに生まれてきたのだ。

しかし、言葉の大切さに気づいている人は案外少ない。デザインと聞けば、「センス」「感性」「ひらめき」の産物だと思ってしまっている人がかなり多いだろう。

デザインにおける言葉の重要性については、以前に拙著『100年の価値をデザインする』（PHP研究所）でも次のように述べた。

「デザインというのは、モノをつくるために意見を集約する仕事である。誰が何をほしがっているかを明確化し、それを具現化していくプロセスとも言える。デザイナーといえば1日中絵を描いている商売だと思っている人が多いが、絵を描くことよりも何よりも大事なのは、『言葉を通してコンセプトを選び出す』作業である」

そのことを私に教えてくれたのは、イタリアでお世話になったセルジオ・ピニンファリーナ氏だった。

私は彼の下でフェラーリ・エンツォやマセラティ・クアトロポルテなどをデザインしたが、そのセルジオ氏は言葉でデザインすることの達人であった。よく「絵を描く前に言葉でコンセプトを決めて、それから絵を描きなさい」と指導されたものである。「強いコンセプトに基づいた印象的なキャッチフレーズがあれば、絵を見なくてもいいものになるに決まっている」——彼の言葉を、私はいまだに忘れることができない。

デザインに関して日本人に足りないのは、この「言葉でデザインする」ということなのだ。それはデザインのコンセプトを誰にでもわかる言葉で表現し、目指す方向性を明確に示すということでもある。

それができないために、やたらに長い企画書をつくってみたり、「デザインはセンスの問題なのでわかる人にしかわからない」とごまかしてみたりする。

日本のビジネスパーソンは、もっと言葉の力を磨いて、はっきりとデザインのためのコンセプトやアイデアを示せるようにならなくてはいけない。

言葉を操れない人に、「デザイン」は使いこなせない

それがどのようなプロダクツであれ、少なくとも「デザイン」と名のつくものであれば、そのスタート地点には言葉がなくてはいけない。

言葉は自分の中にある考えや思い、すなわちWhatを明確に表現することができるツールである。「**はじめに言葉ありき」ではないが、まず最初に言葉によるコンセプトがあり、次にそれを具現化する絵や模型などの視覚的なものがあるべきだ。**

ところが今の日本人（ビジネスパーソンもデザイナーも）は、「言葉そのもの」や「言葉の力」というものを信じていないように思う。

それどころか、「沈黙は金《きん》」とか「言わぬが花」などと、言葉を疑ってかかる傾向がある。かつてはそれでよかったかもしれないが、今そんなことをしていたらグロー

バル競争に勝ち残っていけないどころか、国内ですらビジネスにならない。

繰り返すが、言葉はそれ自体が力を持っていて、考えを具現化するために欠かせないものだ。先に言葉で明確に表現できているからこそ、絵に描いたり、模型をつくったりするビジュアライズがしやすくなるのだ。

では、「言葉でデザインする」ための力は、どうすれば養うことができるのだろうか。

といっても、何も特別なことは必要ない。それは職場や組織内など、日ごろのビジネスの現場で「議論する」ことを実践すればいいのだ。

それを「議論力」と言い換えれば、よりわかりやすいかもしれない。

アメリカやヨーロッパで働いた私の経験から言わせてもらえれば、やはり日本人には「議論力」が乏《とぼ》しい。

議論を通じて自分たちが考えていることを共有し、それによって全員が納得できる結果を得たり、ベストな解決策を見つけたりすることが「議論力」なのだが、それが

欠けていることが「言葉でデザインする」ことができない大きな要因になっている。

そもそも日本の企業や組織で行なわれている会議において、その場に臨《のぞ》んだメンバーが本当に議論を闘わせた後で、素晴らしい結論が導き出されたケースはどれほどあるのだろうか。あらかじめ結論は決まっていて、会議はそれを承認するだけの場になっているケースがほとんどではないだろうか。

あるいは声が大きい人が自分の意見を主張するだけで、人の意見に耳を傾けようとしない。だから、いつまでも意見がまとまらない。挙句《あげく》の果てに、結論は上役の判断に任せる、ということになっていないだろうか。

これでは会議など開かないほうがいい。時間のムダである。

一方欧米では、日本人のようにトップダウンで上位の人が決定したり、多数決に頼るようなことは、決して一般的ではない。

欧米のビジネスの現場では、むやみやたらと投票で決めるようなことはしない。

とことん議論して、反対意見も取り込んでうまく調整しながら、双方に共通するベクトルを探し出し、それを共通の目的意識として確立することで、全体の落としどころを探る。いい議論を重ねることで、関係者のほとんどが納得する結論が出る。

だからこそ、結論が出た後の仕事が早い。

誰かがトップダウンで有無を言わせず決めたものでも、横暴とも言える多数決によって決まったものでもないから、納得して自分たちがやらなくていけないことに邁進《まいしん》できるのだ。

「デザイン」を扱う前提――「ディベート」を恐れないこと

卵が先か鶏《にわとり》が先かではないが、「議論力」がないことが、いわゆるディベートが日本に根づかない一因でもある（ディベートが根づかないから議論力がないとも言える）。

今更言うまでもないことだが、ディベートというのは、あるテーマについて対立する意見を持つものが、それぞれの立場に分かれて議論することである。ひところ日本でも話題になったが、結局、根づかなかった。

それどころか、あれは欧米の文化だから日本人には向かないとか、単に人の揚げ足を取って言いくるめる技術だとか、ディベートを批判する文化人や識者《しきしゃ》も少なくない。

しかし、それはディベートの本質を知らない人の誤った見解である。

ディベートは口がうまい人が相手を言いくるめるための瑣末《さまつ》なテクニックではない。**異なる意見を持ったもの同士が**（**そもそも意見を持っていない、すなわちWhatがない人は問題外だが**）、**お互いの言葉を合わせ鏡にしながら、気づかなかったこと、見えなかったものを理解し、一つの結論に向けて歩み寄るためのコミュニケーション技術である。**

会議でディベートさえできないということは、議論力がないことの証明だし、そもそもディベートに対して偏見《へんけん》を持っていること自体、言葉の力を信じていないことの証拠である。**「言葉でデザインする」力を養うためにも、普段から組織内で議論する**

文化をつくり上げることが必要だと思う。

イタリアから帰国し、日本で仕事をはじめて以来、日本人に議論力が欠けていることを痛感していた私は、六本木ヒルズで行なわれているアカデミーヒルズの「日本元気塾」の講師を3期にわたってやらせていただく機会があったが、「デザイン思考」について教えてもらうことを期待して集まった30名弱の塾生（主に30〜40代）に対して、私がまず行なったのは、議論力を養うための講座だった。

それは言葉という道具を使い、自分が伝えたいことを話し、相手が伝えたいことを聞き、なおかつディベートをして一つの結論を出し、さらにそれを実行まで移す仕組みづくりを学ぶという意図に基づくものだった。

毎回、受講生にプレゼンテーションをしてもらうのだが、それを聞いている他の受講生は、話の途中でも構わないので、言いたいことがあれば手を挙げてどんどん発言してもいいというルールをつくった。

日本では学校などでも人の話は最後まで大人しく聞きなさいとしつけられるが、少なくとも海外では学校であれ、ビジネスの現場であれ、人の話の最中にどんどん割り込んでくるし、とにかく話し合うことのほうが重要なのだ。

実際のやり方としては、発言を求めて誰かが挙手したら、プレゼンターはとりあえず途中で自分の話を止め、その人の話を聞く。そして、その質問を一瞬のうちに振り分けて、もし有意義でなければ、「その質問は議論に値しない」と退け、もし興味深いと思えたら、それを掘り下げて話し合う。その後、自分がプレゼンテーションで話そうとしていた本来の話に戻っていくという形で講座を進めた。

言うなれば「沈黙は悪」であるということを前提にした講座だったが、参加いただいた受講生のみなさんには、「言葉でデザインする力」を強化するためには議論力を鍛《きた》えることが重要だということに気づいていただけたのではないかと思っている。

「デザイン」は優れたプロセスの産物

まず「言葉でデザインする」ことや、議論をして物事を決めていくことの大切さを私がことさら強調するのは、一つにはデザインはいわゆるデザイナーだけがするものではないということを言いたいためだ。

前にも述べたが、デジタル技術の進歩によって、それなりのビジュアル化は誰でもできるようになった。そもそも最近の若いデザイナーの中には、絵が描けない人がたくさんいる（もちろん、あまりに描けないことにも問題はあるのだが……）。

つまり、今の時代は、表面のスタイリング能力に劣《おと》らず、そのスタイリングをする前の掘り下げる能力も重要になってきているのだ。

加えて、私が言葉を重要視するもう一つの理由には、「デザインは、直感やインスピ

レーションだけの産物ではなく、優れたプロセスの産物だ」という考えのためである。

一般の人だけでなく、デザイナーでもデザインに関して聞かれると、「突然、ひらめいた」とか「アイデアが降りてきた（降ってきた）」という表現だけで語る人がいる。

私だって偶然性のあるひらめきを完全否定はしないが、そのひらめきにしても、自分が日常的に呼び起こせる方法を理解しておかなければ、頼ることはできない。

根拠もなくひらめきを待つのでは、ほぼ当たらない宝くじを買って祈っているようなものだ。プロのデザイナーはそうであってはいけない。「偶然性のあるひらめき」に見えるものでも、呼び起こすために自分の思考を形（言葉）にする力が必要なのだ。

確かに、いいデザイン、魅力的なデザインは人の感性に訴える。だからといって、それがプロセスも試行錯誤もなしに、デザイナーの直感やインスピレーションのみから生まれるものではない。

いいデザインにしたいと思ったら、経験に裏づけられたしっかりとしたロジックやプロセスが必要となる。なぜそういう形なのか、なぜそういう内容なのか、論理的に言語化できなければ人の感性に訴えるようなデザインにはならない。

つまり、デザインはただの偶然に頼る産物ではない。あくまでも優れたプロセスによってロジカルに偶然を呼び起こす――つまり必然の積み重ねの結果、生まれるものなのだ。

デザイナーに「アート」を期待する日本の問題点

おそらく、「ひらめく」とか、「降ってくる」という言葉でデザインが語られがちなのは、「アート」との混同が影響していると思われる。確かにデザインとアートには重なり合う部分もあるが、まったく同じものというわけではない。

あえてわかりやすい言い方をすれば、**アートは本来、「自分の時間と自分の資金を使い、自分の理想を求めて制作されるもの」である。結果として、その作品が売れる**

人もいれば、そうでない人もいる。

それに対してデザインは、もともとは「他人の資金を使い、モノやサービスなどをつくり、その売り上げの一部をデザイナーがいただく」というものだ。

それゆえ、原則的にアートには主観的な失敗はあっても、客観的経済的失敗はない。一方、デザインには明確な失敗がある。はっきり言って、そのモノが売れなかったり、そのサービスが社会的に受け入れられなかったりすれば、失敗したデザインだと言える。

どんなに美しいもの、どんなに机上《きじょう》では理想的なものであっても、需要がなければデザインとしては話にならない。

ところが、そんなことを言うと、反論するデザイナーの方々がたくさんいる。あるいは販路や価格設定が悪かったせいだと言うデザイナーもいる。しかし、そうしたビジネス的な要素をどう設定していくのかもデザインの一部である。

要するに、モノなりサービスなりが売れるために何をするか、ということまで含め

てデザインなのだ。少なくとも欧米で通用しているデザインに対する考え方とは、そういうものである。

対して、日本においてアートとデザインの境界が曖昧《あいまい》になっている一番大きな理由は、デザインを求める企業などの顧客が、デザイナーに作家性を求めるからである。**つまり、ビジネスのためのデザインではなく、アート（アーティスト）としてのデザイン（デザイナー）を日本の市場は期待してしまっているのだ。**

売り上げに結びつかないデザインを「このフォルムや色は、さすが〇〇先生でなくてはできないデザインですね」などと持て囃《はや》してしまうのは、まさにそうした事情を象徴している。

メーカーや企業が、著名なデザイナーに単発的にアート性を求めたデザインを発注し、そのモノなり、サービスなりが何とかヒットしてくれれば……というのが、日本においてのデザインの位置づけなのだ。

そして、このやり方で偶発的なヒットを願うだけの、多くの日本のビジネスの現状そのものが、今行き詰まりを迎えているのである。

必要となる「デザイン」×「コンサルティング」の視点

Chapter.0で、私は「本来、デザインとは『モノ』自体のコンセプトを立案し、開発からマーケティングまで、全体の枠づくりをすべき仕事なのである」と述べた。

次いで、このChapterでは「イノベーションを起こすようなデザインにするためには、まず言葉のデザインが重要である」ことについて述べてきた。

ここまで読んでくださった方の中には、「デザイン」とは一種のコンサルティングのようなものであり、「デザイナー」とはコンサルタントのようなものではないか、と感じた人もいるのではないだろうか。

その考えは、まったく正しい。

まさにデザインとはコンサルティングであり、優れたデザイナーとは優れたコンサルタントの要素を兼ね備えていなければならない。

日本ではデザインとアートが近接して捉えられているため、デザイナーにもアーティストとしての側面が要求されると先程述べたが、**欧米のデザイン界では、デザイナーはむしろコンサルタントとしての側面を強く求められるのが一般的である。**

シリコンバレーのデザインファームとして一世を風靡《ふうび》したＩＤＥＯ社などはその典型で、まさに「デザイン思考」を活かしたコンサルティングファームとしての性格が顕著《けんちょ》である。

では、そうしたデザイン系のコンサルティングファームと、一般のビジネス系のコンサルティングファームは、どこが違うのだろうか。

どちらも企業や団体・組織などのクライアントの内部に入り、事業の課題を見つけ、その解決策を示したり、新しいプロダクツの開発に携わったりすることを業務としているが、〝どこまでを担うのか〟がもっとも大きな違いだと言える。

ビジネス系のコンサルティングファームは、基本的に解決策と方法論をレポートにまとめて提出して終わりということが多い。そこから先は、そのレポートを受け取ったクライアントのほうで仕組みづくりや実際のプロダクツづくりを行なわなくてはいけない。

それに対してデザイン系のコンサルティングファームは、実際のモノやサービスという見える形にまで落とし込み、さらに販売戦略や広告宣伝までを担うことが多い。

その意味で、デザイン系のコンサルティングファームはターンキーオペレーション（一括請け負い方法）であり、入口から出口まで一気通貫《いっきつうかん》で、イノベーションにトータルでコミットする役割を担っていると言える。

私が代表を務めるKEN OKUYAMA DESIGNもまさにそういったデザインコンサルティングを行なう会社である。表面的なスタイリングはもちろん、踏み込んだお付き合いになれば、長期戦略やバランスシートなども可能な限り見せていただき、企業風土、人員の配置、商品構成やサービス体系なども考慮に入れ、実際の商品開発を最後まで手掛けることになる。

では、私たちのようなデザイン系のコンサルティングファームがどんな方法論で「デザイン」×「ビジネス」を行なっているのか、以降のChapterでご紹介しよう。

Chapter

2

イノベーションを生み出す「ウォンツデザイン」

「ニーズ」ではなく、「ウォンツ」を刺激せよ！

おそらくみなさんが日ごろのビジネスシーンの中で耳にタコができるほど聞かされている言葉の一つが、「ニーズ（needs）」ではないだろうか。

「消費者のニーズを喚起《かんき》せよ」とか、「ニーズに合った商品を開発しろ」とか、ニーズが絡む言葉は、それこそ枚挙《まいきょ》に暇《いとま》がない。

「ニーズ」とは、改めて言うまでもなく「需要」のことである。

しかし、ここで考えてほしいのが、需要を表わすもう一つの言葉だ。

それは「ウォンツ（wants）」である。

それぞれの厳密な定義についてはマーケティングの専門家に任せるとして、私はこの二つを次のように捉えている。

「『ニーズ』とは、『必要性』すなわち『顕在化した需要』」
「『ウォンツ』とは、『欲求』すなわち『潜在的な需要』」

言葉を換えれば、ニーズとは生活するうえでなくてはならないもの、それがなくては生きていけないものである。水、空気、電気、基本的な食べものや衣類、住まいなどが、ニーズの典型的なものだ。

その一方、ウォンツとはそれがなくても生きていけるが、それを満たすことで精神的な豊かさや快適さを手に入れられるものである。

面白いことに、なくては生きていけないにもかかわらず、人はニーズにそれほどお金をかけたいとは思わない。安ければ安いほどいいと考える傾向にある。

その反対に、ウォンツはなくても生きていけるにもかかわらず、人はそれにお金をかけることをいとわない。むしろ、喜んでお金を使う。

これまでの日本のモノづくりは、ニーズを基準として商品開発を行なってきた。しかし、現実を見れば明らかなように、そうしたモノづくりは転換期を迎え、悪戦苦闘している。ニーズを拠《よ》りどころにしても、もはや売れない時代になったのだ。すでにニーズは満たされ切ったと言えるのかもしれない。

これからのマーケットを動かしていくのは、ニーズではなく、ウォンツである。

ビジネスにイノベーションを起こそうと思ったら、現代の世界はニーズではなくウォンツによって動いているということを認識しなければならない。

「掃除をする楽しみ」から創造したダイソン

世界が「ウォンツ」で動いていることを証明する象徴的な事例を挙げよう。それは逆説的だが、ニーズの典型である掃除機——ダイソン社のデュアルサイクロン掃除機である。

この掃除機を開発したのは、イギリス人のジェームズ・ダイソンだ。

彼はロンドンのセント・マーチンズや英国王立美術大学でインテリアデザインなどを学んだデザイナーだが、従来のデザインの領域をはるかに超えてみせた。

掃除機というニーズの典型を、ウォンツに仕立てあげたのだ。

彼はサイクロン（粉体分離器）を掃除機に取り入れ、1986年にアメリカで特許を取った。Gフォース型サイクロン掃除機である。

これをライセンス生産するために世界中でセールスしたところ、シルバー精工という日本の企業が応じ、ダイソンのもとにはライセンス料が入ってくることになった。

しかし他者につくってもらっている限り、本当に自分がつくりたいと考える根本的な部分が、なかなか実現しなかった。

そこで1993年、日本企業からのライセンス収入を元手にイギリスで設立したのが、自らの名を冠《かん》したダイソン社である。

ダイソンは自分の会社で、Gフォース型サイクロン掃除機をさらに発展させる。**彼が一番つくりたかったのは「掃除をすること自体の楽しみ、喜び」を感じられる掃除機だという。それを、あの透明のごみタンク（クリアビン）で表現したわけである。**新型のサイクロン掃除機「DC01」の誕生である。

ごみが掃除機に溜まっていく様子が見える。「15分前に掃除したばかりなのに、また掃除機をかけたらこんなに溜まったよ」と人に気づかせる。それによって掃除が楽しくなる。

もちろん吸引力や排気などの点でも優れた性能を有しているのだが、やはりダイソンの素晴らしさは、透明な掃除機をつくったことだと思う。まさに画期的だった。

ただしダイソンの言葉を借りれば、会社設立当時、「ごみの見える掃除機」は反対

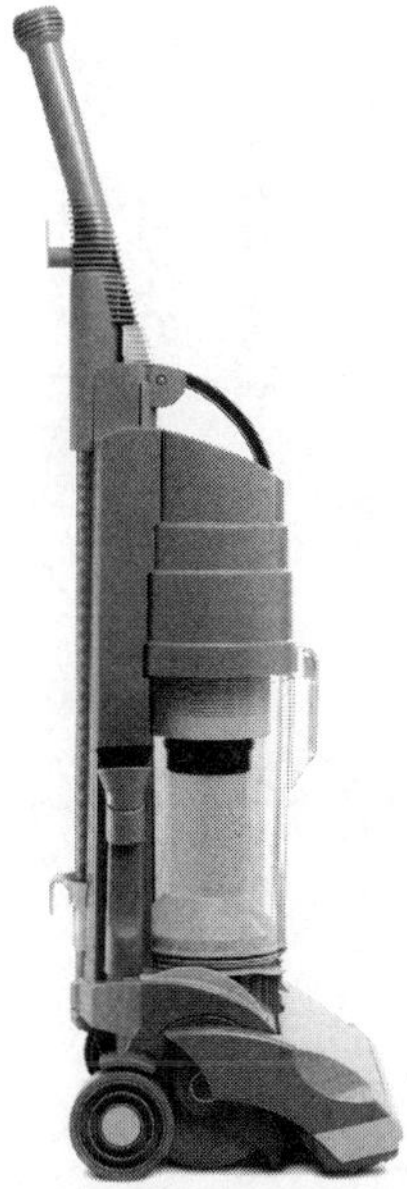

ジェームズ・ダイソンが生み出した
サイクロン掃除機「DC01」
（※日本市場未発売商品）

されたそうである。経営陣もマーケティング部門も、全員が反対した。

「モーター部分を透明にするのはいい。それはメカニカルな美しさがあるし、重要な部分だから、ベアリングを見せたりするのは問題ない。しかし、ごみだけは見せないようにしてほしい。誰がそんな汚いものを見たいのだ」と。


ところが、ダイソンの考えはまったく逆だった。

ごみを見せたい――当社のサイクロン掃除機はこれだけごみが取れる、とビジュアライズ（視覚化）してお客に見てもらえる。すると結果的に、掃除がまた楽しくなる。

ダイソンは「私の名前をつけた会社なのだから」と言って社内の反対意見を説得し、ごみの見える掃除機をつくって販売した。それが大ヒットした。


彼はニーズを基準とせずに、モノづくりを行なった。もし、ニーズを基準にしていたら、色や形がきれいな掃除機、ハイスペックを前面に押し出したような掃除機をつくっていただろう。しかし、彼はそうしなかった。

彼には潜在的な需要であるウォンツが見えていたのである。「これをつくれば必ず売れる」という絶対的な確信があった。

ダイソン社のサイクロン掃除機は、価格的には決して安くない。しかし、多くの消費者がほしくなる。1台買ったら、壊れる前に2台目を買ってしまうような誘引《ゆういん》力もある。

前述した「なくても生きていけるにもかかわらず、人はそれにお金をかけることをいとわない。むしろ、喜んでお金を使う」ような商品がダイソン社の掃除機なのだ。ダイソンの卓抜《たくばつ》なデザインによって、潜在的な需要が喚起されたとも言える。

それによって彼は単なるデザイナーの域を超えて、優れたビジネスパーソンにもなった。ダイソン社は2017年には、35億ポンド（約5110億円）の年間売り上げを誇るグローバル企業に成長している。

本物のデザインには、このようにウォンツを刺激したり、喚起したりする力がある。それによって「つくれば売れるもの」を実際につくることができる。

それができるデザイナーが、本当に優れた現代のデザイナーだ。デザインを単なるスタイリングや装いと思っている限り、ダイソン社の成功例が意味することを真に理解することはできない。

求められる「顧客と市場の創造」

ダイソンの事例が私たちに教えてくれることは、ウォンツを基準にしてプロダクツを行なうことで、これまでになかった価値を創造できる可能性が生まれる、ということである。

事実、ダイソンはただの掃除機をデザインしたようでいて、実際には「掃除をすること自体の楽しみ、喜び」をデザインしていたのだ。同じ掃除機でも似て非なるものであり、イノベーションを起こしたといえるだろう。

そして、私はデザイナーとして、これを「顧客と市場の創造」と呼んでいる。

日本でも、かつてはウォンツを理解して、上手に「顧客と市場の創造」をしていた例があった。ソニーが1979年に第1号機を発売した「ウォークマン」である。

ウォークマンは、小型化したカセットテープ再生機とヘッドフォンで、電車に乗っていても好きな音楽が聴けるようにした革命的な機械であった。

それまでは、たとえヘッドフォンを使うにしても、音楽は大きなプレイヤーを前に家の中で聴くものだった。

しかしソニーは、好きなときに好きな場所で好きな音楽を楽しみたいという潜在的需要を見出した。ウォークマンは、家電業界の誰も気づかなかったウォンツから生まれた商品なのである。

ウォークマンが大ヒットした結果、家電業界はこぞって類似の商品を開発・販売するようになった。以来40年、今ではデジタル方式の端末機器を使い、老若男女《ろうにゃくなんにょ》が電車の中でヘッドフォンから音楽や音声教材を聴いている。

ソニーのウォークマンは、まさに家電業界を変え、人々の新たなライフスタイルをデザインし、ポータブル・オーディオプレイヤーという「顧客と市場の創造」を生み出したのだ。

そして、こうした新たな「顧客と市場の創造」を目指すビジネスの動きは、ますます進化を遂《と》げている。

たとえば、1998年に創業したグーグルは、インターネットの検索エンジンからはじまり、ウェブ上の広告サービス、クラウド、スマートフォンのソフトウェア、端末ハードウェアと世の中に先駆けてウォンツを吸い上げて新規事業を立ち上げ、今では子会社が自動運転の実験を重ねている。**つまりグーグルは、通信、広告、情報、自動車といった各業界の姿を変え、新しい枠組みまでもデザインしている、ということだ。**

この動きはグーグルだけにとどまらない。

たとえば、エアビーアンドビーは宿泊マッチングというウォンツをもとにホテルや旅行代理店の業界を変え、ペイパルはオンラインで資金決済を済ませたいウォンツをもとに金融業界を変えていっている。

IT分野に限らず、このような成功した企業は必ずと言っていいほど、既存の形に縛られずに、ウォンツに気づいて新たな枠組みをデザインしている。

ゼロから出発し、「顧客と市場の創造」をしたのだ。

デザインで「顧客と市場の創造」をする取り組み

では、デザインで「顧客と市場の創造」をするアプローチについて、私自身がどういったことをしてきたのか。取り組みからご紹介したい。

ここで挙げる例は、ヤンマーのコンセプトトラクター「YT01」プロジェクトについてだ。

私はKEN OKUYAMA DESIGNの代表取締役だが、ご縁があって、ヤンマーホールディングス株式会社（以下、ヤンマー）の取締役を拝命し、同社で「コンセプトトラクター」の企画開発に携わったのを手はじめに、農業機械、建設機械、エネルギー商品、マリン商品の開発やディーラーの店舗デザインなど、様々なビジネス提案に取り組んでいる。

大阪に本社を置くヤンマーは、1912年創業という100年を超す歴史を持つ大手機械メーカーである。

2013年の東京モーターショーで、私はそのヤンマーのコンセプトトラクター「YT01」を発表した。

写真の通り、一般的に想像される農機とはイメージを異にしていることがおわかりいただけるかと思う。「まるで『機動戦士ガンダム』のモビルスーツのようだ」と評されつつ、全国紙の1面にも掲載された。

農機具の発表が全国紙のニュースになることは前代未聞である。それほどのインパクトがあり、従来の農機具とは一線を画すデザインを施したことには、〝打ち上げ花

ヤンマーのコンセプトトラクター「YT01」

火〟の効果という面でも意義があった。

しかし、私はこのコンセプトトラクターのデザインに、さらにある重要なメッセージを込めていた。

それは「日本の農業を変え、新しい農業をつくり出す」というものだった。

私は山形県の兼業農家に生まれ育った。子どものころから農業が身近にあり、ヤンマーの農機具にも慣れ親しんでいた。農家の大変さも、農業全体が疲弊《ひへい》していることも感じていた。だからこそ、農業を変えたい。そして新しい農業をつくりたい。

このプロジェクトには、ここに大きな意

味があった。

「新しい流れ」を起こすための
ウォンツづくり

では、なぜコンセプトトラクターをデザインすることが、日本の農業を変え、新しい農業をつくり出すことにつながるのか。

まず、私が最初に思い描いたことは、このコンセプトトラクターをきっかけにして、「農業に新しい人たちを迎え入れる流れ」を生み出すことだった。

新しい農業に必要な人材は、現在農業に従事する〝プロの農家〟ではない。他業種から転職してきてもらわなければ、新しい農家は生まれないからである。

しかし、たとえば会社員の方が農業に関心を持ったとしても、未体験のフィールド

農地を疾走する「YT01」

に踏み出すのは容易な話ではない。独身であればまだしも、既婚者で子どもが小さいとなったら、本人が決意しても周囲は簡単に賛成しないだろう。

サラリーマンのお父さんが、「俺は今の会社を辞めて農業をやる」と言ったとしよう。そこで奥さんが「ダメよ」と反対すれば、お父さんの農家への転職は実現しない。

そのとき、お父さんの背中を押すのは誰だろうか。実は子どもである。

「あのトラクター、カッコいい。お父さん、あれに乗って畑仕事するの？　カッコいいじゃん。お父さん、農業やりなよ！」

そんな子どもの一言で、奥さんの気持ち

も傾くかもしれない。

子ども→奥さん→お父さんの三段論法である。

実は、「まるで『ガンダム』のようだ」と形容されたコンセプトトラクターの狙いは、子どもに「カッコいい」と言ってもらうことにあったのだ。

緑なす山間《やまあい》の田畑に、遠くからでも一目でわかる真っ赤なトラクター。それも高級感を漂《ただよ》わせ、深みのある赤——プレミアム・レッドのボディ。

カッコいい農機具を操縦して野良《のら》仕事に勤《いそ》しむ新しい農業の姿を、ビジョンとして描く。

新しい人、若い人に農業に参入してもらうには、「農業ってカッコいい」というウォンツが生まれるベースをつくることがまず大切だったのである。

いかにして「ウォンツ」を見つけるか

では、ウォンツを吸い上げる精度や、ウォンツ自体を生み出す仕組みをつくるには、どうしたらよいのだろうか。

私が持つ一つの答えは、「どれだけ生の声を聞いたか」である。

私は必ず現場に出向く。素材の産地に行き、工場で技術者に会い、販売店では顧客と面談もする。こうしてみなさんから生の声を聞くと、何が問題で、何が重要なのか、が見えてくるのだ。

前述のコンセプトトラクターに話を戻そう。

私が、コンセプトトラクターをデザインするにあたって、子ども→奥さん→お父さんの三段論法を発見できたのは、実は埼玉県の稲作農家にうかがったお話からだった。

ヤンマーの販売店に紹介いただき、作業中の水田にお邪魔したのである。

お話を聞いた方は当時まだ若い青年で、コンバインはヤンマー製を使っていたが、トラクターは海外製だった。そこで「なぜ、海外製のトラクターをお使いなのですか？」と質問した。すると、明快な答えが返ってきた。

農家：「国産のトラクターはカッコ悪いので」

奥山：「カッコいい、カッコ悪いで、購入を判断されるのですか？」

農家：「奥山さん。トラクターって、国産でも外車の乗用車と同じくらいの値段がするんですよ。だったら同じ性能なら、カッコいい外国製を選びます」

見ると、彼は農作業中にもかかわらず、白いスニーカーを履《は》いていた。

奥山：「スニーカーでトラクターに乗るんですか。長靴《ながぐつ》ではないのですか？」

農家：「はい。僕は自家用車も輸入車に乗っていますが、自分の車に乗るのに長靴を履きますか？　きれいな靴に履き替えますよね。このトラクターは高い買いものですから、大事に使いたい。

しかも、僕は1日に8時間、多い日は12時間もトラクターに乗って仕事をします。濡《ぬ》れた長靴で乗れば、ペダルは滑《すべ》るし、車内が泥《どろ》だらけになります。安全で快適な空間でなければ、とても作業はできません。だからスニーカーを履くのです。

もっと言えば、エアコンを効かせ、オーディオで好きな音楽を聴き、喉《のど》が渇《かわ》いたらドリンクを飲み、仕事の電話がきたらすぐに出る。そんな環境が必要なのです」

つまりトラクターは、彼にとってオフィスなのだ。

農業に対する私の見方が変わるお話だった。しかも、彼は脱サラして2000年ごろに就農したという。前述した、「新しい農業に必要となる人材」のまさに先行事例である。

「就農する以前、僕は東京の赤坂でサラリーマンをやっていました。そのころ彼女と出会ったんです」

彼が指さす傍《かたわ》らの畦道《あぜみち》には、美しい夫人の姿があった。

思わず私は、「奥様は、あなたが会社を辞めて農業をすることを嫌がりませんでしたか？」と聞いた。

「最初は強い抵抗がありました。農業なんてダサい、儲《もう》からない、仕事が大変だと、妻以外にも多くの人に反対されました。

でも、実際にここに来て農業をはじめたら、耕作地の広い大規模農家なので、思っていたよりも豊かで楽しい。それに、子どもを都心の学校に通わせることにいろいろと不安があったので、その点でも満足しています」


こういったお話で、私は見えていなかった課題を発見できたのである。


新しい農業のために新しい人材が転職するには、家族をはじめとする抵抗勢力を説得しなければならない。このプロダクツにおける問題の根本は、そこにあったのだ。

会社組織風に言えば、説得すべき事業の決定権を持つCEO（最高経営責任者）はお父さんだと思っていたら、実は彼はCFO（最高財務責任者）にすぎず、本当のCEO

は奥さんだったのだ。しかも、そのCEOを動かせるのは、子どもだった、というわけである。

子どもが「カッコいい」と目を輝かせ、奥さんも同意してはじめて、お父さんが転職して就農することが可能になる。

「ガンダム」のようなコンセプトトラクターは、こうした生の声をもとにして、ウォンツを発見できた結果だったのだ。

このヤンマーのコンセプトトラクターは好評を博し、発表から2年後の2015年には、量産モデルの「YTシリーズ」として販売を開始し、現在に至っている。

繰り返すが、モノもサービスも飽和《ほうわ》した日本のビジネス環境の中で、新たな需要を生み出すためには、ウォンツを見つけ出すこと、そしてそのウォンツをもとにした「顧客と市場の創出」が欠かせないのだ。

Chapter

3

価値をデザインする「ブランド戦略」

「コモディティ」商品のみをつくり続ける限り、日本に未来はない

Chapter.2では、イノベーションにとって欠かせないのは、ニーズではなく、ウォンツであるとして、「ウォンツをデザインすることの重要性」をお伝えした。というのも、モノにしろ、サービスにしろ、ニーズを満たすためにつくると、プロダクツは一般的に「コモディティ」化するからだ。

この「コモディティ」とは、普及することで機能や品質の差別化が困難となってしまったモノやサービスのことである。

日本のモノづくりは、まさにコモディティが中心となっている。

機能や品質に差がないわけだから、消費者がそれを選ぶ基準の最大のものは価格になる。つまり、安ければ安いほどいい。製造・販売する側からすれば、安いコストで

大量につくり、大量に販売しなければ利益が上がらないのだ。

しかし、ご存じのように、そうしたビジネスモデルは日本では限界にある。

かつてはそれで高度成長を遂げたのだが、今はそうしたビジネスモデルはアジアをはじめとする新興国のものになってしまった。

価格では、そうした国々に太刀打《たち》ちできない。コモディティをつくっている限り、日本のモノづくりに未来はないと言える。


では、どうすればいいのか。**コモディティにならないものをつくるしかない。**

私は商品（製品、サービス）を考える際、コモディティよりも上位のカテゴリーにあるブランドを「プレミアム」、さらにその上位にあるものを「ラグジュアリー」と呼んで分類している。

コモディティはニーズを反映したものだが、プレミアムやラグジュアリーはウォンツと密接に結びついている。**つまり、ウォンツに基づいたモノづくりとは、プレミアムやラグジュアリーを意識したものでなくてはいけないのだ。**

日本がまず目指すべき「プレミアム・コモディティ」

しかし、いきなりプレミアムやラグジュアリーをつくろうと思っても難しいのが現実だ。**そこで私が提案したいのが、まずはコモディティとプレミアムとの中間にある「プレミアム・コモディティ」をつくることだ。**

プレミアム・コモディティとは、基本はコモディティ商品なのだが、類似品とは違う価値を持ち、多少のプレミアムを払ってでも手に入れたくなるようなものである。

このカテゴリーにこそ、日本のモノづくりの未来があると、私は確信している。

では、どんな商品が「プレミアム・コモディティ」と言えるのだろうか。

ダイソン社のサイクロン掃除機もその好例だが、アップル社のスマートフォンであるiPhoneもいい例だろう。

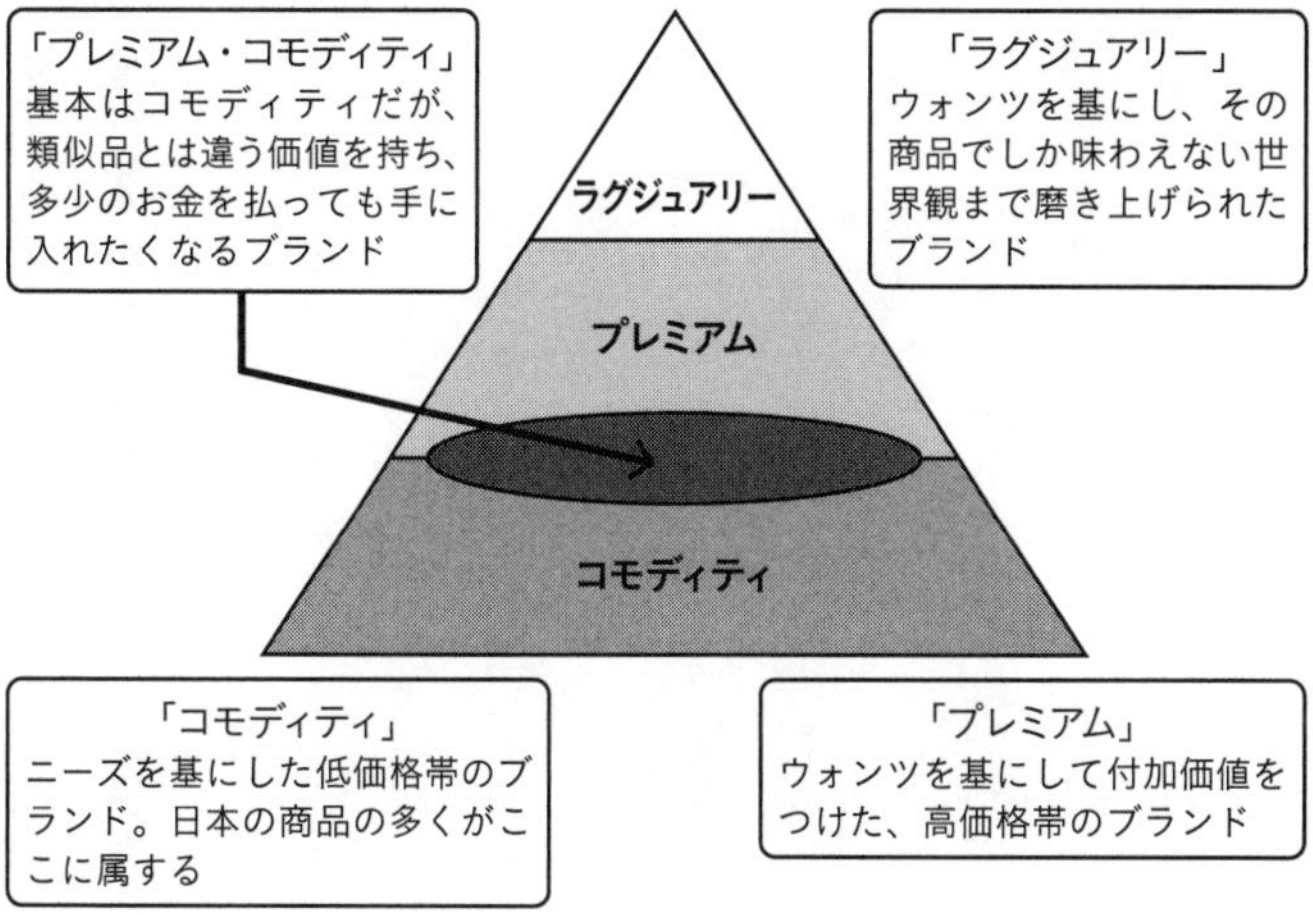

ビジネスで意識すべき「ブランドピラミッド」

その普及ぶりから見て、いまやスマートフォンは完全なコモディティ商品である。その中でiPhoneは、機能やスタイリングの面から見れば、他のスマートフォンと比べて圧倒的優位(プレミアム、ラグジュアリー)にあるわけではない。

しかし、音楽のネットワークサービスや、優秀なソフトウェア、多彩なアプリケーションと一緒に開発されていることなどに加え、他界した伝説の創業者、スティーブ・ジョブズ氏の偉功《いこう》も手伝い、単なるコモディティ化したスマートフォンとは今でも一線を画した存在となっている。

他のスマートフォンより少し価格は高いが、その超過分（プレミアム）を支払ってでも手に入れたい商品としての人気があるのだ。

また、もう一つ私がプレミアム・コモディティの例として拙著の『100年の価値をデザインする』でも挙げたのが、コクヨの定番ノートとも言える「キャンパス」シリーズだ。少々長くなるが、そのまま引用する（一部省略）。

「日本ではごくありふれた文房具（注：キャンパスノートのこと）で、それこそコモディティの代表選手のような存在だが、実は1975年の誕生以来、しっかりと進化を繰り返し、（略）。

キャンパスノートの特徴は、わずか三つの部品で構成されていることだ。表紙、中紙、背クロス、そしてそれらを組み合わせて生まれる価値要素は、とじ方、材料品質、罫線《けいせん》、サイズ、デザイン、価格の六つしかない。

しかし、そんなシンプルな商品であるからこそ、徹底的に品質に磨きがかけられている。ノートの生命である中紙には、あえて再生紙を使用していない。書き心地と文字のにじみにくさを最優先したからで、(略)。

コクヨがインドの文房具メーカーを買収して、そこでキャンパスノートをつくらせたところ、現地のノートより20%ほど値段が高いにもかかわらず、素晴らしい売れ行きを示しているという。紙が破れない、書き心地が素晴らしい、水が浸みないというので、勉強の効率が高まると大評判なのだ」

20%ほど高くても手に入れたいというのは、まさにプレミアム・コモディティの典型だ。これが2倍も3倍もするというのであれば、プレミアムどころかラグジュアリーのカテゴリーになるが、20%増しならプレミアム・コモディティと言えるだろう。

そして最後に、国産のプレミアム・コモディティとして、最近注目しているのが、バルミューダ株式会社である。

バルミューダは2003年に東京で設立された会社だが、2015年に発売された

“感動のトースター”として人気を博す「BALMUDA The Toaster」

スチームトースターが大ヒットした。

実は私もそのトースターを使っているのだが、それでパンをトーストして食べると確かにおいしい。

他のトースターに比べると多少、価格は高いのだが、決して手が出ない価格というわけではない。

一時期、デザイン家電と称するものが市場を賑《にぎ》わしたが、私から見れば商品性が低く、どうしようもないものが多かった。その点、バルミューダのスチームトースターは、スタイリング的にもカッコいいし、蒸気でトーストの味が圧倒的においしくなる点で既存のデザイン家電とは一線を画している。

今後もこの路線を継続しながら新商品を出して、プレミアム・コモディティ市場を活気づけてもらいたいと思う。

「ラグジュアリー」商品の条件

先程述べた通り、当面日本が目指すべきは、「プレミアム・コモディティ」であると私は考えているが、ゆくゆくは「ラグジュアリー」ブランドやそうした商品もつくれるようになる必要がある。では、「ラグジュアリー」とはどのようなものだろうか。

端的に言ってしまえば、ラグジュアリーブランドの商品というものは、買ったときよりも価値が上がるものである。

たとえば、フランスのラグジュアリーブランドのエルメスに「バーキン」という超人気シリーズのバッグがある。エルメスの社長が女優ジェーン・バーキンのためにつくったバッグで、バーキンを持つことは女性にとって一つのステータスである。

ところが、バーキンがほしいからといって、ふらっとエルメスの店舗に足を運んでも、おそらく100%買うことはできないだろう。そもそも、店頭に置かれているのを見ることすら滅多《めった》にない。いつ入荷するか店員に聞いても、わからないと答えられるのがオチだ。

バーキンを購入するには、エルメスのウェイティングリストに名前を記載してもらい、何年も待たなければならないという噂《うわさ》を聞いた人もいるかもしれない。まずはエルメスの顧客（できれば常連客）として認知してもらわなくてはならないのだ。

そのためには何度も店舗に足を運び、ときにはバーキン以外の商品を買い、店員と知り合いになることが先決だ。そのうえでバーキンがほしいのだと店員に伝えておけば、入荷した際に電話で知らせてもらえるかもしれない。

つまり、ラグジュアリーはお声がかかるのを待つしかない商品なのだ。しかもお声がかかったら、何が何でも買わなくてはいけない。そのチャンスを逃がしたら、もうお声がかかるかわからないからだ。

しかし、幸運にも買うことができたら、間違いなく価値は上がるというわけである。

また、もう一つラグジュアリーの定義を挙げるとすれば、次世代に渡せるものであるということだ。

エルメスはもちろん、イタリアのフェラーリ、スイスのパテック・フィリップやバセロン・コンスタンチン、フランスのブレゲなどの機械式時計も渡せる。ピカソやゴッホの絵画も渡せる。アメリカのハリー・ウインストンやフランスのヴァンクリーフ&アーペルなどの宝飾品も子や孫たちに渡すことができる。

そうした世代を超えて引き継いでいけるものであることと、それを提供するブランドが未来永劫《えいごう》続いていくというある種の錯覚《さっかく》を与えられることが、ラグジュアリーの絶対条件である。

日本で「ラグジュアリー」が育たなかった理由

コモディティを主要商品やターゲットにしている限り、おそらくこれからのビジネスにおける成長もイノベーションも望めない。生き残っていけるのは、ごくごく限られた企業になるだろう。

もはや人々は、コモディティに対して期待していない。「もう間に合っています」という感じだ。

そんな時代でもほしくなるものが、プレミアムやラグジュアリーということになる。

ただし、そこに移行するには、モノづくりにおいて、物事の本質を見抜く力が必要になる。

日本人は決してそれが得意というわけではないのだが、それでもアジアの中ではとりあえず先頭を走っていると思う。これは、私が中国をはじめとするアジアの国々へ頻繁に出かけ、そこでビジネスをしている経験から肌身で感じることだが、アジアの人々は日本に対して、アジアのどこよりも先にプレミアムやラグジュアリーの商品をつくってくれるのではないかと期待しているのだ。

ところが残念なことに、モノづくりにおいて日本がこれだけ期待されているということを、肝心の日本のビジネスパーソンや製造現場にいる人の多くは気づいていない。だから、プレミアムやラグジュアリーを実際につくろうという機運が足りないし、つくろうと思っても、ビジネスとしてなかなか成立しないのだ。

すると、当然誰もやろうとする人がいなくなるわけで、新しい人材や才能がそこに入ってこない。それが日本のモノづくりに悪循環をおよぼしている。

こうした問題の一端は、日本のこれまでのモノづくりの構造にもある。

日本のモノづくりは、現時点では、一品生産か、大量生産でしかビジネスが成り立たない構造になっている。

一品生産では、いわゆる職人がアート作品と見紛《みまが》うようなものを手間暇《てまひま》かけてつくるため、購入する人もほとんど決まっていて、高いお金でも支払う。しかし当然のことながら、そのマーケットはあまりにも狭い。

一方の大量生産は、日本の得意とするところであるが、安価なものを薄利多売《はくりたばい》することが目的となっているため、コモディティにならざるを得ない。

要するに現状の日本のモノづくりは、100個とか、1000個というレベルでのオーダーに対して、上手に利益を出せる構造になっていないのだ。

これでは、先程登場したエルメスやフェラーリ、ヨーロッパの時計ブランドのような、ラグジュアリー商品をつくることはできないと言える。

「ブランド」の価値を決めるもの

コモディティをつくってきたこれまでは、それほど意識せずとも何とかなってきただろうが、**今後プレミアムやラグジュアリーをつくることを望むならば、意識せざるを得ないのが、ブランディングである。**

ブランディングに関しては、それこそ教科書的な本が数えきれないほど出ているが、その中にはブランディングについて、たとえば次のような解説がなされている。

・商品やサービスのイメージをユーザーに共有してもらうこと
・市場で差別化を図るために付加価値を高めること
・ユーザーの信頼を得て、売り上げを安定させることどれも、もっともなことであるし、概要的なことは、そうした本にあたっていただくのがいいと思う。

ただし、私がブランディングについて重要なこととして、ここで述べておきたいのは、「ブランドとは、そもそも何か?」という、より根本的なポイントである。

そしてその答えとして、顧客や消費者に対して、はたしてブランドは何を提供しているのかといえば、私はずばり「約束」だと思っている。この点を欠いて、ブランドをつくることはできないのだ。

モノであれ、サービスであれ、ブランドは顧客に対して「ある種の価値を伴ったもの」を提供すると約束する。それに興味を持った顧客は、対価を支払うことで、それを手に入れる。

それが約束通りのものか、あるいはそれ以上のものであれば、顧客はそのブランドを信頼し、その後もそのブランドが提供するものに興味を持ち、そのブランドの顧客にとどまるわけである。

反対に、約束とは違うもの、それ以下のものだと判断したら、そのブランドはあっという間にブランドの座から失墜《しっつい》するのだ。

顧客や消費者というものは本来、移り気なものであって、一度でもそういう経験をすると、二度と戻ってこない場合が多い。

つまりブランドとは、顧客の期待を満足させるものを提供するという、顧客に対する「約束」によって成り立っている存在なのだ。

「ブランド」に対する日本人の誤解

ブランドの話は、レストランにたとえると、よりわかりやすいかもしれない。

ある有名なレストランがあるとしよう。

シェフはどういう人で、お店はこんな雰囲気で、こういう料理を出します、と雑誌やサイトの記事にも紹介されている。

顧客はそれに期待して、そのレストランに出かけていく。そこで最低でも期待通り（できれば期待以上）のものが出されれば、顧客は「おいしかった」ということで、またそのレストランに行こうと思う。

そうした顧客の満足が積み重なって、そのレストランの名声は高まっていく。

ところが、期待以下のものであれば、顧客は二度と出かけようとは思わない。それがよからぬ噂となり、そのレストランの評判はどんどん落ちていく。

ブランドの盛衰《せいすい》も、それと同じことだ。「期待」とそれを満足させるという「約束」がなければ、ブランドは持続できないのである。

そして、ここで一つの勘違いが生じる可能性についても指摘しなければならない。

それは、「顧客を満足させるために、顧客の求めるものを何でも提供することでブランドがつくれる」という誤解である。

よく考えてみていただきたい。顧客の好き放題に左右されて、その都度何が提供されるのかが定まらないレストランに、あなたは行こうと思うだろうか。

むしろ、顧客に左右されずに、「ウチのお店に来たら、これを食べてください。自信を持って、これはおいしいとオススメします」というほうが、お店のブランドを感じないだろうか。

日本には「お客様は神様」という言葉があり、対価を支払ってくれる限り、顧客が求めるものを何でも提供すべきだと思われがちなのだが、それでは真の意味でのブランドになることはできない。

顧客に提供できるものが何なのかという明確な考えがあり、それに対する顧客側の期待感がある。その期待に応えること、さらに言えば期待以上のものを提供すること、それがブランドの必要最低条件なのである。

「何でもやります」では、ブランドはつくれないのだ。

「ブランド」を最大限活かしたフェラーリのビジネス戦略

一方、「お客様は神様」と考えがちな日本に対して、一見高飛車《たかびしゃ》にも見えるほどのブランディングで巧《たく》みなビジネスを展開しているのは、フェラーリである。

私は１９９５年から２００６年まで、イタリアのカロッツェリア（車の車体をデザイン・製造する業者）の一つであるピニンファリーナ社に在職し、その間、フェラーリやマセラティのデザインを担当した。

フェラーリは、従業員３０００人ほどの中小企業だ。しかも３０００人のうち、６００人をＦ１部門に投入している。

Ｆ１は直接的な利益を生まない。にもかかわらず、全従業員の２割もあてていたのは、フェラーリという世界的に知られたブランドのイメージを築くためである。

そして、実際の自動車販売にも、ブランディングが戦略的に活かされている。

2002年のことだが、フェラーリの創業55周年を記念して、創設者の名前を冠した「フェラーリ・エンツォ」を製造・販売することになり、そのデザインを私が手がけることになった。

開発の当初から、その生産台数は349台という、何とも中途半端な台数に決められていた。これはフェラーリの創設者、エンツォの遺訓《いくん》である「需要よりも1台少なくつくれ」に従ったものだ。

ディーラーや外部のマーケティング組織に、「エンツォの名を冠したフェラーリをつくる。価格帯は1台6000万~8000万円（当時の日本円換算）。これで何台くらい売れるか」という調査を依頼したところ、350台なら確実に売れるという結果が報告された。

そこで価格は7500万円、製造台数は349台と決まった。日本のメーカーであれば、価格を6000万円に下げ、もっと台数を増やそうとしただろう。しかし、フェラーリのアプローチはまったく異なっていた。

まず、フェラーリはジュネーブのモーターショーで、「フェラーリの創業55年記念となるスーパーカーを製造する。価格は7500万円。349台の限定生産です」と、大々的に発表した。

さらに前述したエンツォの言葉を引き、「なぜ349台なのか。この数字は、創業者エンツォが残した『需要よりも1台少なく生産するように』という当社の社訓を尊重したものです」と付け加えたのだ。

その効果は絶大で、生産台数の10倍にあたる3500人もの人々がフェラーリ・エンツォの予約に殺到した。全員が7500万円の小切手を握りしめていたことは言うまでもない。

そこでフェラーリ側は予約希望者のリストを作成し、「あなたに販売できなかった場合は返金します」と保証したうえで、全員から半額を手付金として預かったのである。総額は、7500万円÷2×3500人＝1312億5000万円となる。これを金融機関の運用に回す。

349人の購入者は当時のフェラーリ社長、ルカ・ディ・モンテゼーモロが決定した。彼の知人や有名俳優、レーシングドライバーなどから優先順位をつけ、349番目の顧客が決まった時点で、「おめでとうございます。残金をご持参のうえ、フェラーリ・エンツォを受け取りにいらしてください」と手紙を出した。

手紙が届いた顧客は「あのフェラーリ・エンツォが買える」と大喜びし、残りの半額を持って駆けつける。

フェラーリはフェラーリで、預かった手付金を運用していたため、349人以外にそれを返金しても、1312億5000万円の元本が割れるどころか、運用益が手に入る。

車は初めから完売することがわかっているので、開発や製造にかかる投資リスクもゼロである。

フェラーリでは顧客に配慮し、フェラーリ・エンツォを50台追加生産した。日本に正規輸入されたのは、合計399台のうち33台である。

フェラーリの販売戦略は、見方によってはかなり高飛車なものに映るかもしれない。

しかしそのやり方でなぜ成立するのかといえば、フェラーリがラグジュアリーブランドとしての「約束」と「期待」を決して裏切らないからだ。

だから、どんなに高くても人々はフェラーリというブランドに憧れ続けるのである。

「ブランド」を形成するために必要な土台

フェラーリの事例は、ラグジュアリーブランドをうまく活かした好例であったが、その他にも、ブランディングを考える際のヒントとして私の中に思い出されるのが、ルイ・ヴィトン ジャパンの社長と講演で一緒になったときのエピソードである。

その際に、ジョーク交じりでこんなやりとりをした。

奥山：「ルイ・ヴィトンのバッグは30万〜50万円はしますね。プレゼントで買おうとしても、私にはなかなか手が出ません。特別に安くしていただけませんか？」

社長：「奥山さん、申し訳ありませんが、当社はディスカウントしないのです」

奥山：「そうですか。失礼しました」

社長：「ただし、当社は30万円のバッグと同じ素材で5万円の財布を販売しています。財布というカテゴリーでは、日本でもっとも高い商品です。30万円のバッグを買えないという方には、この財布をオススメします」

奥山：「それなら私にも買えるかもしれませんね」

社長：「もし、それでもダメだと言うのでしたら、犬の首輪があります。キーホルダーなら、もっと安くお求めいただけます。**30万円のバッグと同じ素材、同じ製造ノウハウで様々な商品展開をしています。ですから、ルイ・ヴィトンは単なる高価格商品を提供しているのではなく、ライフスタイル全体を提供しているブランドなのです**」

この社長の言葉に、私は感激した。

なるほど、ルイ・ヴィトンの商品展開は、確かにバッグ、財布などの小物、アクセサリー、衣服、靴、文房具など多岐にわたっている。男性向け商品として、縄跳びまである。

社長のおっしゃる通り、顧客にライフスタイル全般を提供しているのだ。その中で、400万円もする旅行用トランクから、2500円のアドレス帳まで提供している。

ここで考えなくてはいけないのは、ブランドは単品では成り立たないということだ。ブランドはピラミッドと同様の形をしている。基礎となる土台部分があり、上に行くにつれて中間層となる商品があり、さらに頂点となる商品がある。頂点だけがあっても、ブランドというピラミッドは構築できない。土台も必要なのだ。

そして、この土台部分にあたるのが、「プレミアム・コモディティ」なのである。

ルイ・ヴィトンで言えば、財布やキーホルダーということになる。

他にもフェラーリのピラミッドならば、頂点にあたるのが自動車であり、中間層にあたるのが、フェラーリというブランド名を冠した様々なマーチャンダイズ（商品）である。

しかも、中間層だからと侮《あなど》ってはいけない。私がフェラーリ・エンツォのデザインを担当していたころ、フェラーリの年間売り上げの実に17％がマーチャンダイジングによる収益だった。

たとえばその一つが、ミニカー業者にフェラーリのロゴ使用権を許諾するライセンスビジネスから得た収益である。純粋な利益率で言えば、フェラーリの車を1台売るよりもそうしたビジネスのほうが高いのである。

このようにブランドというピラミッドでは、土台部分や中間層が重要な役割を果たしているのだ。

とはいえ、次のChapterでお伝えするが、その土台が機能するためにも、やはり頂点となる商品があってこそ、なのである。両輪ともに欠かせないのだ。

というのも、頂点の商品に引っ張られるようにして、ブランドというピラミッドは容積を拡大していくことができるからである。

Chapter

4

感動にして届ける「ストーリーデザイン」

人々のウォンツを喚起する「フラッグシップ」

Chapter.3では、ブランドについての基本的な知識をお届けした。

そこでこのChapterでは、それをさらに深めて、機能性以外に商品を買うべき理由を、ブランドを活用しながらいかに「ストーリー」にして顧客に訴えるのか、お伝えしたい。

ブランドには、そのブランドを象徴するような商材がある。

マーケティング用語で「フラッグシップ」と呼ばれるものだが、もともとは艦隊における旗艦《きかん》という意味で、それが転じてもっとも重要なもの、もっとも力を入れている商品や店舗などのことを指す。

Chapter.3の最後でも少し触れたが、いわばブランドのピラミッドの頂点に位置するもので、ブランディングにおいては、このフラッグシップの価値を高めることが、ブランド全体のために重要である。

ただし、フラッグシップがそのブランドにおいて、もっとも利益を上げるものとは限らない。**むしろ、フラッグシップは売り上げや利益にとらわれてはいけないのだ。あくまでもそのブランドの象徴としてイメージ戦略を担い、顧客や消費者のウォンツを刺激し続ける存在でなくてはいけない。**

そのフラッグシップを媒介《ばいかい》にして、人はそのブランドに興味を持ち、ファンとなり、顧客となるのだ。

これまでの紹介例から具体的に言えば、フラッグシップとしての「フェラーリ（自動車）」があるからブランドとしての「フェラーリ」に興味が集まり、ファンがついているからブランドの土台・中間層となるマーチャンダイズやライセンスビジネスにおいても顧客のウォンツを喚起できる、というわけである。

加えて言えば、フラッグシップには、さらにもう一つの大切な役割がある。

それは対顧客・対消費者というよりも、むしろ社内や組織内に向けた効果である。フラッグシップがあることで、つくり手、送り手側の人間が誇りを持てるし、優秀な人材が集まるのだ。

一時期、モーターショーでは、自動車メーカーがそのショーのためだけの車を高額な予算を使ってつくっていたが、その目的の一つはリクルートだった。

そのショー用の車を見て、能力の高いさらなる才能たちが集まってくる。あるいは社内の人間に対して、「自分の会社やブランドはこんなこともやっている」ということを具体的に認識してもらうことができる。

ビジネスが細分化され過ぎた現代では、同じ社内やブランドとは言え、自分が関係するもの以外は意外と知らないということが往々にしてある。その意味でも、フラッグシップは大事なのだ。

ブランドストーリーの核――「ヘリテージ」の掘り起こし

ブランドにおける「フラッグシップ」とは、言い換えれば、そのブランドのアイデンティティやモノづくりの思想を表現したものでもある。

では、どういうものがそもそものアイデンティティや核となるのだろうか。

たとえばその一つが、「もともと自分の会社やブランドは、何を顧客に提供するために創業者がはじめたものなのか」という原点である。

創業者は、ある種の社会的な使命感を動機として、自分たちのビジネスをはじめているケースが多い。**そこに立ち返ると、「売れる・売れない」以前に、会社やブランドとしてやるべきこと、やってはいけないことが明確になってくるのだ。**

そこを掘り下げることで、アイデンティティや核が生まれてくる。

また、そのブランドが築いてきた「ヘリテージ（遺産）」も、アイデンティティや核となり得る。

顧客がブランドの商品を買う場合、その動機や理由は様々考えられるが、その一つがストーリー（物語）だと思う。

そのモノが生まれた背景のストーリーに魅せられて、顧客は商品を買う。しかもそのストーリーは、自分が商品を買う場合だけでなく、手に入れたものを「実はこういうヒストリーがあるんだ」と、周囲の人に自慢するときにも役立つ。

たとえば、またしてもフェラーリの話で恐縮だが、フェラーリに「612スカリエッティ」と呼ばれるクーペタイプのモデルがある。

私がピニンファリーナ社時代にデザインを手掛けた車だが、このモデルは映画監督のロベルト・ロッセリーニが、当時妻だった女優のイングリッド・バーグマンに贈った特別仕様の「375MM」へのオマージュとして製造されたものだ。

実は、この車を贈ったときに、ロッセリーニとバーグマンは離婚の危機にあった。

ロッセリーニは何とかバーグマンを引きとめたくて、フェラーリとピニンファリーナ社に特別注文してつくらせたという、いわくつきの車なのだ。

そのクーペのデザイン要素を活かして「612」を製造したのだが、発表にあたってフェラーリは、そうしたストーリーをはっきりと発信する。

また、スイスの高級時計ブランドであるタグ・ホイヤーの例を挙げれば、タグ・ホイヤーには「モナコ」という角型でブルーの文字盤が印象的なモデルがある。

モナコ・グランプリに敬意を表して開発されたもので、世界初の自動巻きクロノグラフムーブメント「クロノマティック」を搭載したモデルだ。

しかし、そのスペックよりも何よりも、スティーブ・マックイーンが1970年のハリウッドのカーレース映画『栄光のル・マン』で着用したことで伝説となった。

さらに、他の例も挙げれば、ポール・ニューマンが所有していたことで有名になった時計として、ロレックスの「デイトナ」がある。

この時計は1969年に公開された映画『レーサー』の撮影中に、妻で女優のジョアン・ウッドワードからプレゼントされたもので、その裏蓋《うらぶた》に「DRIVE CAREFULLY ME」という文字が刻印されていた。何とも粋《いき》な話ではないか。

ちなみにポール・ニューマン所有のこの時計は、2017年のオークションにおいて20億円で落札されている。

こうしたストーリーが、フェラーリ、タグ・ホイヤー、ロレックスというブランドにとってのヘリテージとなっている。

そのストーリーに顧客や消費者は惹きつけられるのだ。

「ヘリテージ」は〝使うだけ〟ではいけない

ヨーロッパのブランドは、こうしたヘリテージを利用することに長《た》けている。

しかもヘリテージをそのまま復刻するのではなく、現代のトレンドやテイストに合わせながらモダナイズして提供している。

だから、同じモデルが市場で長い人気を誇るわけである。

とはいえ、現実的な話をすれば、ヨーロッパのブランドは最近そうした手法を少々やり過ぎた。**それによってネタが尽きつつあることも事実であり、その結果、同じモデル名でも、オリジナルモデルとは似ても似つかない似非《えせ》ヘリテージになってきている。**これは見逃すことができない問題である。

一方、日本のメーカーやブランドは、これまで得てしてヘリテージを活用することが下手であった。ヘリテージの価値に気づかず、掘り起こしを怠《おこた》ってきたのだ。

しかし逆に言えば、チャンスでもある。ネタが枯渇《こかつ》しつつあるヨーロッパに対して、日本は今こそヘリテージを活用すべきときなのだ。

とはいえ、注意も付け加えなければならない。なぜならヨーロッパの例を見てもわかる通り、ヘリテージは時間を遡《さかのぼ》ってつくることができないからだ。あのときつくっておけばよかった、あれを維持しておけばよかったと思っても後の祭りなのだ。

だから、日本のモノづくりもヘリテージを活用しつつ、次のヘリテージになりそうなものをつくっておかなくてはいけないし、それを育てていかなければいけない。いつ、それが次代のヘリテージとして花が咲くかはわからない。

たとえて言えば、林業のようなものかもしれない。

今は国産材が危機を迎えているが、かつて林業は3代ではじめて売り上げが出ると言われていた。杉を植え、丹念に手当てをして、１００年たってやっと1本数千万円というような木に育つ。

それもこれも、杉を植えておかないと話にならないのだ。

ブランドのアイデンティティを創出するヒント

ブランドのアイデンティティや核となるものは、実は創業者やヘリテージの他にもある。たとえば、「創業地」もその一つだ。

福井県の鯖江《さばえ》市は「めがねのまち」をキャッチフレーズにしているが、眼鏡の世界では、鯖江製だというだけで立派なアイデンティティとなる。鯖江の眼鏡は外国人にも人気が高い。

日本人自身は気づいていないかもしれないが、そもそも「メイド・イン・ジャパン」がブランドのアイデンティティになる。アジアでモノづくりをしている人たちにしてみれば、それはうらやましくて仕方ないアドバンテージなのだ。

日本の地場産業は、それ自体がブランドである。その地域ならではの伝統を受け継ぎ、繊細《せんさい》な技術の持ち主である職人がいる。しかも、そのほとんどが、現代の工業化社会では当たり前となっている大量生産によるコモディティではない品々だ。

しかし悲しいかな、日本では、それが現状ではラグジュアリーとしてのビジネスモデルになり得ていないのだ。

というのも、そうなるためには、モノがつくられる地域の風土、歴史、素材、つく

り方、職人自身の来歴などのストーリーを上手に引き出して、製品とともにアピールするしかないからだ。

そのストーリーこそが、ブランドのアイデンティティとして顧客にウケるものであるのに、である。本当に残念で仕方がない。

加えて言えば、他にも「歴史の長さ（＝時間）」だって、十分にアイデンティティになり得る。

あのフェラーリですら、創業は１９４７年だから、たかだか70年ほどの歴史しかない。日本のいすゞ自動車など、前身となる東京石川島造船所自動車部門としてスタートしたのが１９１６年だから、フェラーリより30年も歴史がある。

ちなみに、世界には創業２００年以上の企業が約５６００社あると言われているが、そのうちの半数以上にあたる約３１００社が日本の企業だ。

しかも、世界に12社しか存在しない創業１０００年を超える企業のうち、なんと9社が日本国内にあるというから驚きではないか。

「歴史の長さ」は、日本が活かしやすいカテゴリーなのだ。

そして、ここまで聞いて、自分のビジネスにはヘリテージもなければ、歴史もない、創業地のアドバンテージもない、と嘆《なげ》かれた方もいたかもしれない。

それでもまだ希望はある。ここに出なかった例でも、よく考えさえすれば、ブランドのアイデンティティや核となり得るものはいろいろあるはずなのだ。

一例を挙げれば、ブランドのネーミングでもいいかもしれない。

たとえば電気自動車のテスラは、19世紀後期〜20世紀中期に活躍した、電気技師で発明家のニコラ・テスラへのオマージュから名づけられた社名だ。彼は交流電気方式、無線操縦、蛍光灯などの発明で知られている。

現代の自動車会社のテスラは、自分たちがやろうとしていることと、昔の人物をうまく結びつけて（もちろん法律に反しないようにだが）ブランドのネーミングにし、巧みにイメージ喚起をしたのだ。

こういった工夫をすることで、それだけであなたのビジネスのアイデンティティになる可能性があるのだ。

KEN OKUYAMAのブランドビジネス

私自身、後世のためにヘリテージをつくりたいと思っている。

そこでデザインコンサルティングを含むデザインワークと並行して、「KEN OKUYAMA EYES」「K.O CASA」「K.O CARS」というブランドビジネスを展開している。

そこには自分が死んでも独立して残るブランドであってほしいという願いが込められている。

幸いなことに、はじめて自社ブランドとして立ち上げたメガネフレームの「KEN

OKUYAMA EYES」は、カーデザイナーとしての感性を立体造形とディテールに活かした眼鏡フレームというストーリーも作用して、業界でもいいポジションを占めつつある。

また、「K.O CASA」は、日本の伝統工芸の技術を生かした食器や家具などの調度品を中心とするブランドである。そのシリーズの中にある「エダ／EDA」は、新潟県燕《つばめ》市の山崎金属工業とのコラボレーションでできあがった製品だが、2013年に世界的デザイン賞であるドイツの「Red Dot Award」において、最高賞のBest of the Bestに選出された。

この他にも、岩手県盛岡《もりおか》市の岩鋳《いわちゅう》とコラボレートした南部鉄器のポット、山形県の菊地保寿堂《きくちほうじゅどう》とコラボレートした山形鋳物《いもの》のポット、岐阜県多治見《たじみ》市の丸甚製陶所《まるじんせいとうしょ》とコラボレートしたカップ&ソーサー、山形県の天童木工《てんどうもっこう》とコラボレートしたイスなどがある。

そして、自社ブランドのフラッグシップとして位置づけているのが、「K.O

CARS」の車だ。

少量生産でのビジネスモデルの構築を目指し、なおかつ既存の自動車業界に対して新しい市場を創造しようとする私なりの試みで、すべて限定生産もしくは受注生産になっている。

2008年のジュネーブ・モーターショーでの発表を皮切りに、これまで「kode7」「kode8」「kode9」と各モデルを発表してきた。

私たちが少年時代に憧れたスーパーカーのようなスポーツカーを日常生活で使えるように、しかも普通の人が購入できる価格で販売している。

もちろんサーキットで飛ばしてもいいが、街の路上を走れる、そんな車を日本でつくることに価値がある。

kode7はオープントップ、kode8はクローズドボディの電気自動車、kode9はスポーツクーペである。その他に1台限定の「kode0（ゼロ）」と「kode57」がある。どちらも1台限定であるがゆえに、価格は前者が約1億6000万円、後者が約2億5000万円となっている。

ドイツの「Red Dot Award」最高賞を受賞した
新潟県燕市の山崎金属工業との
コラボレーション製品「エダ／EDA」

スポーツクーペタイプの「kode9」

これまで日本には、限定生産の自動車ビジネスというものがなかった。その世界にお客様をお招きし、理解を深めていただくことで、日本の自動車業界を新しいステップに引き上げたい。

偶然、めぐり合えたお客様と一緒にモノをつくる喜びを共有するためにも、あらかじめ生産台数や売り上げのノルマを設定していない。

「せっかく奥山さんがデザインするのだから、たくさん製造して、どんどん販売すればいいじゃないですか」という声も聞かれるが、私はそれを否定する。

ブランドのフラッグシップなのだから、限定生産でいいと思っている。

「ヘリテージ」の活用に課題を抱えていたセイコー

続いて、私が社外協力として参画している、時計のセイコーの取り組みもご紹介し

ておきたい。ヘリテージを掘り起こして、ビジネスとして活かしている具体例として
わかりやすいかと思う。

突然だが、あなたは「プロスペックス」という時計をご存じだろうか。

スキューバダイビングに傾倒《けいとう》する人なら、一度は名前を聞いたことがあるセイコーの時計シリーズである。

というのもプロスペックスは、国産初のダイバーズウォッチとして1965年にセイコーが発売した、メカニカル自動巻きの150m防水ウォッチだった。

この時計は、その翌年から4回にわたって南極観測越冬隊員の装備品として寄贈され、過酷な環境下での使用に耐えたことによって信頼性を勝ち得た。

さらに1968年には、世界最高水準のメカニカルハイビート（10振動）を搭載して防水性能を300mまでアップ、**1970年には当時、日本山岳会に所属していた植村直己《うえむらなおみ》、松浦輝夫《まつうらてるお》両氏が、エベレスト登頂の際にこのモデルを着用し、その堅牢《けんろう》性が話題となったのだった。**

300mの防水性能を備えた、
セイコー「プロスペックス」1968年モデル

私は２０１８年に発売された、その復刻モデルのデザインをやらせていただいた。

開発の動機となったのは、セイコーのプロスペックス、とりわけプロスペックスシリーズの中でもダイバーズウォッチ（プロスペックスシリーズには他にもランドマスターやフィールドマスターなどがある）に対する海外での人気沸騰《ふっとう》があった。

中でもタイ、香港、中国などのアジア圏、さらにはアメリカ在住のアジア人を中心に、セイコーのダイバーズウォッチは人気が高い。**その人気ぶりがうかがえるのが、マニアたちが様々なモデルにニ**

ックネームを付け、サイトなどで持て囃《はや》していることだ。「ツナ缶」「モンスター」「相撲《すもう》」「タートル」（植村直己氏が着けていたモデル）など、ユニークな名前が多い。

実際にビジネスとしての売り上げも上がってきており、セイコーの最高級ブランドである「グランドセイコー」に次ぐ売り上げを上げるまでになってきている。

ただし、ここに一つの課題があった。

そうしたマニアたちに受けているモデルは、だいたい10万円前後の価格帯の商品が中心となっていた。その人たちが社会で成功し、裕福になったときに、そのレベルに見合う価格帯のモデルがなかったのだ。そのため、彼らはスイスの高級ブランドに移行してしまう。それは、ビジネスとして実にもったいない話である。

彼ら自身の口からも、「本当はセイコーがほしいし、50万円くらい支払うこともできるが、セイコーには50万円前後の価格帯で高級感のあるダイバーズウォッチがない」という声を聞いていた。せっかく顧客から生の声が上がってきているのだから、これはつくらないわけにはいかないという機運が社内で高まった。

しかし、ここで販路というさらなる問題が立ち上がった。**現実として、プロスペックスは「アルバ」などのコモディティ商品のシリーズと同じ売り場で売られていた。そこに、いきなり50万円以上のものを陳列しても売れないという話になった。**

では、グランドセイコーのショップで売れるかというと、それはやはりブランドが違うので無理だろうということになった。

そうなると販路開拓も含め、高級ブランドのデザイン経験もあるデザイナーに声を掛けようということで、私にデザインのお鉢《はち》が回ってきたのだ（と想像する）。

そこには、伏線があった。

以前、私は「ISSEY MIYAKE WATCH」のデザインを手掛けたことがあった。この時計はセイコーと三宅デザイン事務所が協業して、世界で活躍するプロダクトデザイナーが参加するというプロジェクトだが、そこで私はそれまで5万円前後の価格が中心だったシリーズに、いきなり50万円の商品を提案したのだ。

クライアントの一部からは無謀だという声もあったが、顧客のウケもよく、幸いなことに完売した。

その経験をプロスペックスの開発担当役員に話したところ、「面白い。是非ともやっていただこう」という話になったのだ。

ヘリテージを継承して新たな「プレミアム」をつくる

プロスペックスの「1968メカニカルダイバーズ　復刻デザイン」で私が行なったことは、セイコーに新たな「プレミアム」をつくることだった。

現代において、腕時計というものはそもそもニーズではなく、完全なウォンツ商品である。にもかかわらず、相変わらずコモディティとして売り出しているため、自ら価値を落としている。

そこで、プレミアムとしての製品をつくり、それにふさわしい販路やブランドイメージを構築することを目指した。

その開発において、セイコーウオッチの社長が面白いことをおっしゃられていた。もし私が、デザイナーとしての自己主張を強く押し出したデザインを提案してきたら、仕事の依頼は1回限りで終わりだ、と思っていたらしい。しかし、私たちが提案したのは、先述した1968年発売のモデルをヘリテージとして継承し、そこに時代に合わせてモダンな味つけを施して、進化させたデザインだった。

それを見て、デザイナーとしての信頼感が増したということだった。おかげさまで、その後もセイコーとの関係は続いている。

プロスペックスのシリーズでは様々なモデルが登場したが、その土台を築いたのは、やはり1968年発売のダイバーズウォッチである。

今回の復刻モデルでは、そのデザインを継承しつつも、ディテールにおいてはモダナイズした。

たとえば、研磨方法にザラツ研磨という通常高級時計でしか使わない技法を採用することで歪《ゆが》みのない鏡面に仕上げたり、全体の形をねじれや凹面がない構成にしたり、自動巻きムーブメントを搭載するとどうしても厚くなりがちな全体の厚さを可能な限り低く見せるために、ガラス面の角度を変えたりした。

また、重心が下がるように肌までの距離を微妙に短くしたことで、手首への装着感がかなり向上した。こうした処理は、ジャーナリストにもおおむね好評だった。

この復刻モデルのデザインにあたっては、最初にセイコーの社内にいるデザイン担当者にいくつかデザイン案をつくってもらった。すると、オリジナルからどんどん離れていくような案が出てきた。時計のデザイナーとしては、ある意味私より優れた能力を持つ人たちをして、である。

なぜ、これほど変えてしまうのか不思議に思ってたずねると、「何か新しいことを

ザラツ研磨により、現代的に
シャープさを増した復刻版のデザイン

やらなくてはいけないのではないかという強迫観念のようなものがある」ということだった。しかし、それでは復刻する意味がない。ヘリテージを復刻させるときに、してしまいがちな誤りである。

そこで私たちは、継承すべき部分をしっかり継承しながら、進化させる部分は現代の使われ方に合わせてしっかり進化させる。そういった開発哲学を確立した。

オリジナルの基本構成はそのままに、光の当たり方を意識して全体の面の角度を変えたり、重心を低くすべく皮膚《ひふ》と距離を縮めたり、現代の寸法に合わせて構成を変えたり、といった機能的な質にとことんこだわることで、実用性と審美《しんび》性を高次元で融合させ、これまでとは違う魅力を出そうと工夫したのだ。

実際の販売価格は素材によっても異なるが、50万円前後から80万円未満となっている。これで、先に挙げたセイコーのダイバーズウォッチのマニアたちの要求にも応えられると思っている。

「プロスペックス」シリーズにおけるストーリー展開

プレミアムやラグジュアリーに欠かせないのは、その土台や背景にあるストーリーや思想という話をこの Chapter でしてきたが、**現代のビジネスパーソン・デザイナーには、それを情報としてうまく発信することも求められている。**

実際この復刻モデルでも、発表にあたって開催されたプレスカンファレンスなどで、私は集まった業界関係者やジャーナリストを前にその役回りに徹した（デザインに込められた意味について、情感を込めて伝える必要性が高まっていることに伴って、実際にデザインをしたデザイナーにスポークスマン的な役回りが求められつつあるのも、このあたりに理由がある）。

では、プロスペックスに関しては、どんなストーリーを用いたのか——。

そもそも私自身がダイビングをするので、ダイバーズウォッチに求められる機能や意味については熟知していた。

私がダイビングをはじめたのは１９９０年代初期で、その当時はまだデジタルのダイブコンピュータ（潜っている時間と深度から、体内に溜まっている窒素《ちっそ》量を計算し、現在の水深に何分とどまっていられるのかを知らせてくれるコンピュータ）がなかったのだが、それが登場して左手に装着するようになったことで、それまでのアナログなダイバーズウォッチをしない人たちが出てきた。

しかし、本格的なダイバーは、ダイブコンピュータだけでなく、右手にダイバーズウォッチをするようになった。というのも、ダイブコンピュータは、デジタルゆえに誤作動を起こすことがあり、バッテリーが切れることもあるからだ。

ダイビングをされる方ならおわかりいただけるかと思うが、ダイビングにおいては最後の5分間に命が懸かっている。

潜水を終えて水面に浮上するときに、一気に浮上してしまうと圧力の急変により潜水病になる危険性が高い。それを防ぐために、最後の５ｍの地点で５分間とどまる必要がある。それが上手にできるのが、技量のあるダイバーだ。

そのときにダイブコンピュータにトラブルが起きることも想定して、本格的にダイビングをする人は、今でも右手にアナログのダイバーズウォッチを巻いて潜るのだ。

私が今回の復刻デザインのコンセプトとして訴求したのは、まさにこの「右手に着けるダイバーズウォッチ」だった。

しかも、そのダイバーズウォッチをよく見ると、ロレックスやオメガなど、よく名前が知られたブランドのものをしている人はほとんどいない。**圧倒的にセイコーのダイバーズウォッチなのだ。それだけセイコーのダイバーズウォッチは、ダイバーから厚い信頼を寄せられてきたのである。**

しかし、悲しいかな、時計業界にかかわる人たちが、そうした事実を意外と知らない。セイコーの社内でさえ、自社のダイバーズウォッチがそれだけ本物のダイバーに愛され、大切にされてきた用途・歴史・事実を知らない人が多かったのだ。

事実、業界には、ダイバーズウォッチをただのファッションウォッチの高級品のようにしか見ていない人がたくさんいた。

だからこそ、それに対して私は、「そうではありません」と言い続けた。

「今でもダイバーズウォッチは、ダイビングで命が懸かる最後の5分の保険のために右手にします。それを普段使いするときは左手にしていますが、潜るときには右手に替えるのです」と。

こういう話をすると、会場は一様に盛り上がる。「この話は使える」と言うのだ。販売サイドからすればセールストークに使えるし、顧客にとっては自分が購入したものについて友人や知人に語るときに使えるのだ。

スタイリングとして、「カッコいいでしょ」というだけでは不十分な理由は、こうしたことでもある。

売る側にも、買う側にもウォンツを刺激する話題を提供することで、自分たちがほしかったものはなるほどこういうものだった、と納得してもらう必要があるのだ。

私はメディアや業界関係者を対象にしたプレス発表などで、常にこうしたネタを提

供するように心がけている。それはつまり、「言葉によるデザイン」でもあるわけだ。

確かにスタイリングも重要だ。しかし、こうしたストーリーや物語を明確化することが、プレミアムやラグジュアリーには欠かせないのである。

Chapter 5

実際に「ビジネス」を「デザイン」するプロセス

「ビジネスデザイン」に不可欠な「お金」の視点

これまで、プロダクツを生み出すためのツールという視点から、「言葉のデザイン」「ウォンツデザイン」「ブランドデザイン」「ストーリーデザイン」について、様々なヒントをご提供してきた。

では、いよいよ実際に、そうした良いプロダクツを生み出すために、その裏側であなたが自分のビジネス全体をデザインしていく（私はそれを「ビジネスデザイン」と呼んでいる）ためには、どうしていったらよいのか、掘り下げてみていきたい。

私は「ビジネスデザイン」のためには、まず「収益を生み出すモデル」への視点が必要だと考えている。

というのも、私がやっているようなデザインコンサルティングの会社には、だいいたいまず表面的なスタイリングとしてのデザイン依頼が来る場合が多いのだが、**スタイリングの仕事でかかわり、徐々に企業の中まで入っていって信頼関係が築かれると、結局はスタイリングだけでは解決されないような、依頼企業の収益モデルの問題点が浮き上がってくるからだ。**

そのため、仕事をはじめてある程度の段階になると、私は「実は……」と切り出して、**「これを出しても売れませんよ」「なぜかって言うと、御社は販路がないじゃないですか」「それに収益率が悪い中でこのモノをつくっても、売れませんよ」**と伝えることになるケースが、かなりある。

すると、その依頼企業の社長は「そうだよね。実は……うちの営業の連中とそれはずっと話をしていて……」となり、「何、奥山さん、そういうこともやるの?」となる。

なぜこんな指摘をするかというと、私はデザイナーではあるが、バランスシートや開発費、組織構造などの経営資料も読むからだ（そこまで一企業に入り込むと、必然的に同業他社とは仕事ができなくなるので、私たちは基本的に一業種一社とお付き合いをする）。

だから、「このまま行っても、望むようなスタイリングをすれば、コストが予想の3倍ぐらいになりますよ」「この仕組みでやっていたら、コスト体系が全然ダメですから、そこから変えなければ収益の出る商品になりませんよ」ということがわかる。

結果、単なるスタイリングとしてのデザインを依頼したつもりの先方からは、往々にして「お金の話もするの、奥山さん？」と言われるが、**「デザインはお金です」と私は答えている。**

「収益モデル」から逆算してデザインする時代

では、実際にはどのように収益モデルをデザインしていけばいいのだろうか。

ここで考えるべきポイントは、「利益率」と「収益源」のデザインである。

私が携わっているヤンマーでも、昨今はトラクターなどの商品よりも、農業知識などのサービスを届けることに力を入れてきている。

というのも、もともとの主力商品であるトラクターは、製造コストもかかり、高頻度で購入するものでもないため、利益率が苦しくなっているからだ。下手したらそれ単体では赤字のことだってあり得るだろう。

そこで、お気づきの人も多いだろうが、ヤンマーだけでなくこれまで工業製品などの「モノ」を売ってきた製造業は、モノはネタとして、その周辺にあるサービスや体験といった「コト」を売る時代になってきているのだ。

たとえば、カーディーラーであれば、車を売ることではなく、アフターサービスとパーツで儲けを出している。

ハードとしての車ではなく、「継続して使える」「このディーラーに行けば、安心してメンテナンスをずっとやってもらえる」というソフト面のサービスや、利益率の良い「パーツの販売」を重要視しているのだ。

だから、車の売り上げは下がっていても、カーディーラーはいまだに立派な構えを保つことを重視しているところが多いのだ。

実際、自動車メーカーでは、以前行ったディーラーに入っていくと、最近はあなたの名前を呼んでくれるケースが多くある。サービスに力を入れているので、覚えているのだ。

しかも、あなたが少し興味を持っているふうであると、車のシートに座っていただくように促《うなが》され、それを味わっている間にセールスマンではなく、メカニックが出てきたりする。

今は顧客もWEBで情報を持っているので、セールスマンの言う売り文句など聞きたくない。

そこに実直そうなメカニックが、少し汚れた手で名刺を持って現われ、「担当メカニックの○○です。この車はここに弱点があります」と弱みも隠さず伝えつつ、「だけど、なんと言ってもこのナビゲーションは素晴らしいですよ」「弱点は、このパーツで補え

ます」なんて言うと、顧客は信頼を覚えるのだ。

こうしたことからも、今、自動車メーカーでは、メカニックへのセールストーク教育が進んでいる。

また、私が携わったヤンマーの例で言えば、メカニックの良さを引き出そうと、ディーラーの整備室の内装をガラス張りに変えていった。

ディーラーというのは、用がなくても来てもらえる場所でなくてはならない。であるからこそ、日常でただ通りがかったときに、メカニックの実直な仕事風景が見えるようにしたのだ。

加えて、ディーラーのカーポートの改修を指示したこともあった。

あなたが、車の修理をディーラーにお願いしたいと考えたとき、数週間前に持ってきた車が、外に泥だらけのまま置いてあったら、また頼みたいと思うだろうか。

地方では、まだまだ預けた車（特にトラクターなどの農機具）がしばらく野ざらしということがよくあった。私はヤンマーのディーラーを見て回った際、そのことを感じ、全拠点に洗車装置を入れさせ、「屋外でもいいから、カーポートのでかいのを付けろ」と言って、屋根を付けさせたのであった。

これも、ハード売りではなく、サービスを売ることの一つだ。

そしてさらに言えば、ヤンマーでは、いまや一つのディーラー拠点は、単なるディーラーにとどまらない役割を担いはじめている。

そこでは、パーツやサービスをお届けしながら、農家の方向けに、農業知識や土壌《どじょう》改良の知識、来年何を植えて何が売れるか、そのために販路開拓をどうすればいいのかといった、セミナーを拠点ごとにかなりの回数開いているのだ。

たとえば、実は農家さんがもっとも苦労するのは稲の苗づくりだったりするのだが、それをヤンマーが持つノウハウで担い、苗を安価で販売したり、効率よく苗づくりができる「密苗《みつなえ》」という方法をお教えしたりしている。

しかもそれに合わせて、農家の方々のビジネスをサポートするために、できたお米の販路として、小麦アレルギーが広がる世界に向けて、ライスジュレ（パン、ケーキ、うどんなど、通常は小麦で作られる食品を、小麦を一切使わずにつくることができる、お米から生まれた食材）という商品の製造やプロモートも行なっている。

つまり、ヤンマーは今、トラクターを売る企業でありながら、セミナー業も行ない、さらに食材もつくっているのだ。

こうして、トラクターを購入した農家さんは、故障の際にはアフターサービスを使い、困ったことがあれば農業技術の相談をし、販路でも頼り、また農機具が必要になる場合には、ヤンマーで購入する……という流れが生まれるのだ。

これが最終的に目指すべき「ビジネスをデザインする」ということなのである。

これはつまり、「トラクターを売るためには……」という販路の面から考えていって、逆算して広がった流れなのだ。

だからこそ、そもそもの自分のビジネスで何を売りたいのか、があらかじめ設定できていなければ、その後に続く効果的な店舗のスタイリングや必要設備のデザイン、

社内教育のデザインなどもできないのである。

この視点が欠けたうえで、下流の表面的なスタイリングのデザイン依頼が私のもとにくると、「デザインしても、これだと売れませんよ」ということになるわけである。

いかに問題探究意識を持って、仮説を立てているか

「ビジネスデザイン」を考える際に必ず欠かせない「お金」の視点や、断片的ではあるがモノづくりの業界を取り巻く状況の変化について概観してきた。

ではここからは、そうした「ビジネスデザイン」をする際の具体的解決策を立案できるようになるために、必要となる段階について見ていくことにしよう。

まず大切なことは、常に「問題探究意識」を持って物事を見るということである。

企業や組織が抱える様々な問題について、デザイナーの視点で解決策を提供するのがデザインの仕事と思われているが、実は問題が本当に明確になってさえいれば、解決策を考えることはそう難しいことではない。

それよりも重要なのは、そもそもどこに問題があるのか、それを見つけ出すことだ。与えられた課題に対する解決策だけでなく、その課題の根底にあるもの、あるいはその課題の先にあるものを見越す力が必要である。

すなわち、見えにくい問題の発見こそが、「ビジネスデザイン」のために必要なことであり、イノベーションを求められるビジネスパーソン・デザイナーがすべき仕事なのだ。

そのためには、冒頭にあったエスカレーターの質問のように、普段から問題探究意識を持って物事を見る癖《くせ》をつけておかなくてはならない。

社会を取り巻く環境を見つめ、今の世の中にはどんな問題があるのか、そして自分ならどう解決するのか、というシミュレーションやパターンを想定し、頭の中の引き

出しに集めておくことが大切だ。

そのうえで、実際に課題解決の必要に迫られた際には、ネット情報を検索することでも、マーケットリサーチを読み込むことでもなく、日々の課題解決のシミュレーションやパターン想定を基にして、自分の頭の中で課題解決のための仮説を立てて、それを一つの軸として考えていくのである。

その仮説を軸として情報を集め、リサーチし、課題解決に向けて考えをめぐらせていかなければならない。

もし、仮説も何もない白紙の状態で考えはじめても、思考が右往左往するだけで、時間も不必要にかかってしまう。仮説をつくってから情報を集めたり、物事を観察したりすることの大切さを力説しておきたい。

「誰が本当の顧客なのか」を明確にする

日々の生活の中に転がっている気づきにくい問題を発見し、それに対する解決策の仮説をストックしておく、という前提をクリアしたうえで、**実際に「ビジネスデザイン」をする役割が自分に任された場合、次なるステップとして外してはならないポイントが、「誰が本当の顧客なのか」を外さないことである。**

当たり前に思われるかもしれないが、わかっているようで向いている方向がズレている場合が意外と多いからだ。

確かに、直接の顧客は仕事を発注してきたクライアント（社内プロジェクトなら上司**ということもある）なのだが、究極の顧客は開発する商品を実際に購入したり、使用したりしてくれる人たちだ。**

それを考慮に入れずに、発注元の顔色だけを見るやり方をしていると、その開発や解決策の導き方を間違ってしまう。

特にある程度、顧客の姿を想定しやすいB to C（Business to Customer）のビジネスの場合はまだいいのだが、**難しいのはB to B（Business to Business）の場合だ。to Bの先に、さらにBやCを想定しなくてはならない。**

たとえば、私はＪR東日本の山手線の新型車両をデザインしたのだが、その製造は新潟県にあるＪR東日本の子会社が行なった。

開発途中でそのプロジェクトチームとブレストをしたときのことだったが、「お客様」という言葉をめぐって当初、想定していたこととの行き違いがあった。

私が考える「お客様」とは、実際の山手線の乗客のことだと思っていたのだが、先方はＪR東日本の運転士や車掌《しゃしょう》のことを言っていたのだ。

当然、彼らが考えるのは、運転士や車掌にとって快適なデザインである。乗客のことはファーストマターではなかったのだ。

これではいけないと思い、私は「山手線に乗ったことのある人は何人いますか？」とたずねたら、なんと1人もいなかった。

そこで「来週、みんなで山手線に乗りましょう」と提案し、それを実現したが、今振り返っても、これは実に有効だったと思う。

その体験によって、ホームドアができて昔のプラットホームとは違うことや、車内にデジタルサイネージが増えたこと、英語表記が足りていないこと、どこの駅なのか視認性を高める必要があること、長イスでスペースの奪い合いにならないように1人分のエリアを明確化する必要があることなどの発見があった。

それは実際に車両のデザインにも活かされている。

これはBtoBの製造業などを行なっている企業の方に、特に申し上げておきたいことだが、toBの先にあるtoCがしっかりと理解されていない場合、それがあなたのビジネスが苦戦している原因の一つだと思われる。 Cが求めることが見えていないので、to Bに効果的な商品を提供できていないのだ。

その問題の解決にあたって有効なことは、自らtoCの商品を持ち、市場に片足を置いて、そこから得られる情報をtoBの商品づくりにフィードバックすることである。

確かにtoCのビジネスを行なうことは、店舗や販路、広告宣伝、人材確保などの問題をクリアしなければならないために大変なことだが、Cの情報を得ることができるという意味で極めてメリットが高いことである。

それに加え、toCの市場においてブランド価値を高めることで、価格だけが勝負となるコモディティ化に巻き込まれずに済むようになる。

これまでBtoBのビジネスにおいて、日本の製造業の企業は得てして自らの社名やブランド名を出さずに、縁の下の力持ち的な姿勢をとってきた。

しかし、それではtoCの市場において認知度が上がらないため、toBのビジネスにおける優位性につながらないのだ。これからはtoBのビジネスであっても、自社名やブランド名をはっきりと打ち出すべきだ。

その点、欧米のメーカーなどは上手である。たとえばブレーキメーカーのブレンボやタイヤメーカーのピレリ、半導体メーカーのインテルなどは、toC市場において高い知名度を保つことで、toBのビジネスで優位性を築いている。

その意味でも、BtoBの企業こそBtoCのビジネスを展開すべきなのだ。

「生の情報」で仮説を修正する

JR東日本の山手線新型車両をデザインするにあたって、プロジェクトメンバーと一緒に山手線に実際に乗車してみたという話をしたが、これは「現場」に足を運んでリアルに観察するということでもある。

私は「現場主義」と呼んでいるのだが、それによって最初に立てていた仮説を検証し、軌道修正をしながら現実の商品開発に落とし込んでいく。

モノを考えるヒントは、現場にこそ転がっているのだ。

Chapter.2 のヤンマーのコンセプトトラクターの項でも記したが、ビジネスデザインを行なうにあたり、私は必ず現場に出向く。

素材の産地に行き、工場で技術者に会い、販売店で営業マンや顧客と面談する。こうして現場の生の声を聞くと、何が問題で、何が重要なのかが見えてくるからだ。

現代の企業は、新商品を開発しようとするとき、あたかも決まりごとのようにマーケットリサーチを行なう。それをまとめたレポートには、顧客へのヒアリングやアンケート、競合や市場動向の分析などのデータが網羅《もうら》され、100ページ以上におよぶことも珍しくない。

私はこうしたマーケティングデータを尊重しないわけではないが、それだけで物事を判断したり、鵜呑《うの》みにしたりしないように心がけている。

たとえば新しい洗濯機をつくろうとしていて、そのマーケティングデータに1万件のサンプルが収録されていたとしよう。

それはリサーチをした時点で洗濯機を使用している人たちや製造現場などへヒアリ

ングを行ない、その声を1万人分、集めたということだ。

私はそのデータを一読したら、顧客や製造・販売の現場へ出向く。データには人間の生の感情が反映されていないからだ。

1万件のサンプルであれば、100件は回る。いろいろな人に会い、話を聞く。このとき大切なのは、やはり五感を働かせることだ。自分の目で見たもの、耳に聞こえたこと、匂い、手触り、味わい……。五感を研《と》ぎ澄《す》ませてサンプルから直接得たリアルな情報を持ってマーケットリサーチのデータに向き合うと、それまで文字や数字で表わされていたデータに深みや奥行きが生まれる。


面白いことに、現場で五感を使って得た情報を基に、想像力を働かせてデータを検証し直せば、実際には会っていない9900件のサンプルも想像がつくようになる。顧客の人生像が見えてくることさえある。

そして、「この人は、今は気づいていないかもしれないが、何年後かにはこういうものを求めるだろう」と、未来までもが予想できるようになってくるのである。

極端なサンプルを、切り捨ててはいけない

実際の現場の生の声を拾えと言うと、中には「サンプルの一部の実態を知ることによって、かえって全体像が見えにくくなるのではないか」とか、「スモールサンプルだけで全体を知ったつもりになっていいのか」という反論が必ずと言っていいほど出てくる。

もちろん、偏ったサンプルしか見ていなければ、その反論もある意味では正しい。

ただし、この場合の「偏った」に該当するものは、「極端」ということではない。偏差値で言えば50あたりのサンプルだけを抽出《ちゅうしゅつ》して見ることのほうがよっぽど偏りだ。

むしろ、極端に感じるサンプルは、必ず見ておいたほうがいい。というのも、そこにこそ、イノベーションのヒントが隠されていることが多いからだ。

反対に、もっともボリュームが厚いからと言って、偏差値50のゾーンや平均値の周囲だけを見ていても、課題の発見に結びつくことは少ない。

だから、私自身、実際にヤンマーの農機具を開発する際であれば、サンプル調査としてアメリカの中西部にあるような超大規模農家にも行くし、インドネシアやタイの奥地にある超小規模農家にも行く。

農機具を自腹で購入して使用している人のところにも行くし、レンタルで使用している人のところにも行くのだ。

1を知って100を知った気になるなというのもわかるが、1を知って100を想像するのが人間の能力だと私は思う。そのためにも、まず1を知るために現場に足を運ばなくてはならない。

数年後に発売予定のプロジェクトに対して、今現在のマーケティングデータの数字(しかも発売時の数年後には、このデータは往々にして使えないものになっている)をパソコンのモニターの前で眺めているよりも、生の声を集めるほうがはるかに100を知る確率が高い。

「良いアイデア」を得るために必要なこと

ここまで、「収益モデルからの逆算」の視点でビジネスデザインを考えることの重要性と、そうしたプランニングを可能にするために「日常に隠れている問題を見つける力をつけ」→「問題に対する解決策の仮説をストックしつつ」→「現場の生の声を基に、修正を加えて必要なものを明確にしていく」というプロセスをご説明した。

もちろん、プロセスの各段階では、「言葉でデザインする」過程が入ることも忘れてはならない。

ここまできて次に必要となるものは、実際の商品のスタイリング等に落とし込んでいくためのアイディエーション（ideation アイデアの発想）だ。

といっても、何もせずに待っているだけで、具体的なアイデアがひらめくことなどまずない。自分の頭の中にあるアイデアの断片を、何らかの形でアウトプットすることが必要である。

そして、その方法として私自身がもっともお勧めしたいのが、自分の手で、目の前の紙に、「絵」を描くことだ。

「絵が描けなくても今の時代はいいんじゃなかったの？」と思われた方もいるだろうが、やはりビジュアルにできることには強みがある。もし手描きの絵を多少なりとも描ける人であれば、試してみてほしい。

やってみるとわかるのだが、手で絵を描くうちに、ぼんやり頭に浮かんでいるだけだったアイデアが、次第に輪郭《りんかく》を帯びて、明確になってくることがある。

自分でも何を探しているのかさえわからない、そんな状況でも手を使って絵を描い

て試行錯誤していくと、自分のアイデアが整理されて、予想すらしていなかった「偶然性のあるひらめき」を高確率で呼び込むこともできるようになるのだ（Chapter.2で、「デザインは優れたプロセスの産物」と述べたが、私にとって日常的にロジカルに「偶然性のあるひらめき」を起こす方法の一つが手描きの絵、というわけだ）。

手描きの絵の優れたところは、精度こそ低いものの、手が思ってもいないところに動くことで偶然の産物が生まれることである。

もちろん、9割がたは使いものにならない。ただ、その中にときどき「あっ、これは面白いな」と思えるものが残ることがある。そうなれば、シメたものである。

よく「クリエイティブ」という言葉を聞くが、クリエイティブとは独創的だとか、創造的だとかというより（もちろんそうした側面はあるのだが）、**自分の意識や思考を前提にしつつ、さらにそれを超えたところで、偶然起きたことをつかまえる能力だと思う。**

その偶然を起こすためのきっかけの一つが、私の場合は手描きの絵なのだ。

もちろん、仕事の内容によっては絵を描くこと以外に、文章やブレスト（ブレストの中で手描き・手書きを取り入れてみる）といった手法が最適な場合もあるだろう。**要は、何であれ、自分本来の能力を超えて、潜在的なクリエイティビティを、偶然性を通して引き出す——そんな自分に最適な道具を持つことが大事なのだ。**

たとえば、ぼんやりとしたアイデアに輪郭を与えて明確なものにしたり、偶然を引き起こしたりするツールとして、手書きの文章は絵にも通ずるものがある。

学生のころを思い出していただきたいが、授業で何か作文をするのでも、最初から完成原稿が書ける人は少ないのではないだろうか。それと同じで、自分の表現したい形が何なのかはっきりとはわからなくても、とにかく手を動かしてああでもない、こうでもないとアイデアにつながりそうなものを書き進めてみる。

そのうちに、ある程度内容が見えてきて、「これかな」と思えるプランが出てきたり、「こういうのもいいかも」と、考えてもいなかったことが偶然に見える形で、ひらめいたりする。

つまり、良いアイデアを得るには、自分の頭で思いついている範囲の思考を超えて

いく必要があるのだ。そして、そのためには、手を動かしてみることが大切なのである。

「アイデア出し」を短縮しない

アイディエーションに関してもう少し述べたい。

というのも、アイデアについて日本のビジネスパーソンが陥りがちなことに、アイディエーションにあまり時間をかけずに、いきなりデジタルツールで具現化するステップに行ってしまう、ということがあるからだ。

そもそも、アイディエーションが重要なのは、頭に浮かんだアイデアを絵なり、文章なりにざっくりと表わすことで、それを客観的に見ることができるからだ。

アイディエーションの最初の段階で絵にしたり、文章にしたりした最初の成果物は、言うなればキリスト教徒にとってのバイブル（聖書）のようなものである。

何か問題が起きたり、迷ったりしたときは、それを参照して判断できる。どこかで何が最初のプランと変わってしまったのか、どんなことが起きてしまったのか、それに対してどうすればいいのか、どんな対処法があるのか、そのバイブルを見ながら考えることができるからだ。

私は自社のデザイナーにも、それがどんなにボロボロになっていても、アイディエーションの最初の絵を必ず取っておくように、と話している。

そこには、そのアイデアにたどり着いた葛藤《かっとう》や、それを描いたときの思い入れ、そのときに置かれていた状況、いろいろな情報が詰まっているからだ。

このアイディエーションがしっかりあることで、商品開発やプロジェクトの進行が行き詰まったときに、そこに立ち返って検討できる。だから私は、何かあったときには、それを取り出して考えるようにしなさいと言っている。

「アイデア」は、常に用意→一旦忘れる

アイディエーションの作業がおろそかにされがちな理由の一つには、「アイデアは、そのうち突然、天から降りてきたようにひらめくのではないか」と思っている人が、多いことが挙げられるかもしれない。

しかし、それは虫のいい話だ。まず、そんなことはないと思ったほうがいい。少なくても、私の経験上はない。

「私はひらめいたことがある」と言う人がいるかもしれないが、**それはひらめいたのではない。頭のどこかでその問題について考え続けていたのだ。**

だから、突然「ひらめいた」のではなく、必然的に「偶然（風）のひらめきを得た」と言ったほうが正確だ。

アイディエーションの目的は、その偶然を自ら引き起こしたり、呼び込んだりすることだ。もちろん、その偶然に気づく力がないとダメである。

偶然はいろいろなところで起きているのだが、往々にして人はそれに気づかない。気づくためには、前にも重要だと述べた「日ごろから問題探究意識を持って物事を観察しておくこと」を通じて、偶然をキャッチする準備をしておかなくてはいけないのだ。

「Chance favors the prepared mind」という言葉をご存じだろうか。フランスの細菌学者として有名なルイ・パスツールの言葉として知られているもので、「幸運は用意された心のみに宿る」と訳される。

用意や準備がなければ、偶然という幸運も訪れない。

そのためには、仮説をストックしていくのと同じで、たとえばアイデア出しとして絵を1万枚描くとか、文章を1万字書くとかしたほうがよいのである。

結局、経験によってロジックを意識的にも無意識的にも積み重ねるのだ。だから、アイディエーションには時間がかかるし、時間をかけなくてはいけないのだ。

また、もう一つアイディエーションに時間がかかる要因としては、「忘れる」時間を設けることの必要性も伝えておきたい。

忘れるとは、どういうことか。

もし一つのアイデアに固執して、そればかりを考えていたら、おそらく他のアイデアは浮かんでこない。

アイディエーションの段階で一つのアイデアを絵や文章にしたら、それは一旦、忘れたほうがいい。そして、他のアイデアがないかどうか考える。

しかし、最初のアイデアをまったく忘れてしまうわけではない。忘れたように見えても、実は頭のどこかで転がっているものだ。それが何かを見たり、聞いたりしたときに、まさに偶然のようにひょっこりとよみがえってくる。

しかも、そのときにはそのアイデアの強度や精度はより高まっている、より磨きがかかっている。だから、一旦忘れることは大切なのだ。

たとえば、1週間前に絵にしたアイデアを、1週間忘れていて、後で再びすべて集めて壁に貼ってみる。

すると、そのときに何かが足りないことに気づいたりする。その気づきが大切なのだ。

そのためには、しばらく忘れていなくてはいけない。

アイディエーションに時間が必要と言うのは、そのための作業時間はもちろんだが、客観性を持って自分のアイデアを判断するために、忘れている時間が必要だからだ。

チームでアイデアを生むための「ブレスト」

アイディエーションの段階や、その後にチームで動いていくために、よく行なわれる手法の一つが、いわゆるブレーンストーミング（ブレスト）である。

中にはブレストのために集まるのが目的であるかのように誤解している向きもなき

にしもあらずだが、しっかりしたブレストはやはりそれなりに効果がある。

「三人寄れば文殊《もんじゅ》の知恵」ということわざが示すように、複数で集まって行なうブレストでは、自分1人では思いつかなかったアイデアが出てくる。

ブレストの具体的な進行の仕方のようなものは、その手の解説書がたくさん出ているので、そちらを参考にしていただきたいが、ここでは私がビジネス現場でブレストをする際に忘れられがちだと感じることをお伝えしたい。


まず私は、ブレストには二つの種類あると思っている。

一つは社内のチームや、それに近いグループ内で行なうもので、この場合のブレストの目的は各自が集めてきた情報の共有にある。

もう一つはそれよりも重要で、何が本当に問題なのかという、問題の本質を見出すために行なうブレストである。

後者は、医者が患者を診察する際に行なう「問診」をイメージしてもらえばいい。

ブレストに集まったメンバーに適切な質問をして、返ってきた反応から症状を特定

する。あるいはクライアントに質問して、問題の本質や根本的な原因を探り出す。

質問が理に適《かな》ったものであれば、そこで出てきた答えから、的確な診断を下すためのヒントが得られるのだ。

また、案外気にされていないが、効果的なブレストを行なうために大事なことは、できるだけ人数を絞ることだ。経験上、私は5人が理想だと思っている。

近代建築に偉大な足跡を残したル・コルビュジエも5、6人以上とは一緒に仕事をしないと言っていたが、5人を超えてしまうと、純粋にテーマについて話し合うよりも、主導権争いとか、派閥づくりに流れてしまう傾向がある。

では、少ないほどいいかと言うと、そうとも言えない。

2人だと、お互いに相手を上回ろうとして意識的に（あるいは無意識的に）嘘《うそ》をつくことがある。

3人だと、内面で2対1になることに注力してしまう。

4人だと2対2のグループができてしまう。

それが5人だと、そうしたことに対する関心が薄れ、純粋にオープンな話し合いができるのだ。

そして最後にもう一つ、ブレストで大事なことは、とんでもないことを言うような異端や異分子をメンバーに加えることだ。

話し合いをスムーズに進めるために、つい同じ傾向を持つ人間、発想が似たような人間だけを集めがちだが、それでは斬新なアイデアや革新的なアイデアは出てこない。異端や異分子を加えて多様性のあるメンバーとブレストをすることで、そうした人の発想や発言によって、それだけ先ほど述べた偶然が起きやすくなるのだ。

アイディエーションにとって、やはり偶然を引き起こすための優れたプロセス、ロジカルな準備は欠かせないのだ。

イメージ共有は、「ビジュアライゼーション」で

アイディエーションの段階を終え、プロジェクトの関係者が増えて、チームで物事を動かすレベルになってきたとき、有用になることに「ビジュアライゼーション」（視覚化）がある。

アイディエーションの際に、手を動かして絵を描くことを勧めたように、チームで動く際にも絵の力は大きいものがある。

人間は本来、視覚（ビジュアル）に大きく依存する動物だ。五感（視覚・聴覚・嗅覚・味覚・触覚）の中でも視覚による情報認識が最大で、一説には五感で得る知覚の実に87％が視覚によるものだという。

この本の序盤から述べてきた通り、もちろん根底に言葉のデザインがあり、コンセ

プトに関する考えが煮詰まっていることは前提だ。ただ、そこから先、他者に何かを伝えたいときには、やはり絵の力を認めざるを得ない。絵は伝わるのが圧倒的に速いし、わかりやすいのだ。

企画書にしても、イラストやマインドマップを用いれば、それまで気がつかなかったポイントを見て想像力をかき立てられ、議論が深まる。

こうして瞬時に伝わるのが、ビジュアライゼーション（視覚化）の強さである。

さらに言えば、絵の強さは言葉の壁を超える「世界の共通言語」であることだ。

何しろ、人類は文字を発明するはるか以前から絵を描いていたのだ。

ビジュアライゼーションの目的の一つは、そこに参加する全員が一枚の絵や図によって考え方や目標を共有できることである。

したがって、もはや絵はコミュニケーションツールの一種でさえある。

私自身も、よくミーティングなどの現場で絵によるビジュアライゼーションを行なう。**そこに、話し合われた内容を絵として表現することで、情報の共有がしやすくな**

るのだ。

参加者はそれをスマートフォンのカメラで撮って、それを持ち帰って見ながら関係各所でいろいろと検討することができるわけである。

「ビジュアライゼーション」はできるだけ早期に

商品開発などのプロジェクトを進めるとき、関係部署が増えれば増えるほど、その過程で様々な矛盾《むじゅん》が生じてくる。その矛盾を持ち寄ってミーティングを行なうときに、たいていは文字を連ねた文書をもとに検討するケースが多い。

それを参加者全員がその場で読んで理解できればいいが、そう簡単にはいかない。しかし、それを絵や図の形でビジュアライズすれば、お互いが主張していることがいかに食い違っているかわかりやすい。

プロジェクトの早期の段階でそれをしておくと、矛盾も笑い話で済むが、生産開始まで半年を切り、すでに開発費に何億も使っている段階で、そんな矛盾が明らかになってしまうと、笑い話では済まなくなる。

だから、ビジュアライゼーションをするタイミングについては、できるだけ早くしたほうがいい。

ビジュアライゼーションをする際に、手法の一つとしておすすめなのは、ムービーをつくることだ。

ムービーというと、商品が完全にできあがった後で、商品発表会用としてつくるイメージがあるが、この場合のムービーは外部の人に見せるものではなく、あくまでもプロジェクトの関係者やチームのメンバーに見せるための10分程度のものだ。

こんな商品で、こんな使用イメージで、という簡単なものでいい。

たとえば車であれば、車自体のデザインではなく、こういうシーンで、こういうお客様に乗ってもらいたいというイメージを、様々なビジュアル素材を寄せ集めて編集したようなものだ。

それをチーム全員で見ることで、開発する商品のイメージを共有することができる。

特に現代の若い人たちは、自分で映像を撮り、YouTubeなどにアップすることを日常的に行ないながら育ってきた世代だ。そうしたムービーのほうが文章などよりもはるかにイメージしやすいだろう。

「プロトタイプ」をつくる際の注意

ビジュアライゼーションの話をした流れで、一つ注意しておきたいことがある。**それは、デジタルツールの使い方だ。**

アイディエーションが終わった後には、チームでのコミュニケーション等の段階があり、そこでアイデアを具現化していく段階があり、最後には世の中に発信していく段階があるわけだが、**コミュニケーションやアイデアの具現化の段階で、あまり早く正確さを狙ってデジタルツールを使うと、後々問題が生じやすいのだ。**

デザイン思考の本などでは、よく早期にプロトタイプ（試作品）をつくることを勧めているのだが、私はこれには気をつけている。

というのも、アイデアを絞り込んで形にしていく段階では、当然大小様々な問題が起きてくるのだが、**デジタルツールであまりにも正確にビジュアル化されたプロトタイプは、細かなところまで早期につくり込めてしまうために、その後でいくつも修正が出てくると、逆に全体的な整合性が取れなくなってしまうケースがあるのだ**（具体例から平たく言うと、家を建てる際にあまり早いうちに、寸法など細部までつくり込むと、後から台所の位置が違った、玄関の向きを変えたい……といった問題が出ても、少し変えると全部のバランスが崩れるので、結局つくり直すしかない、というのと同じイメージだ）。

また、**これも人間の特性の一つだと思うが、人は目の前にリアルすぎるプロトタイ**

プがあると、試作段階だとわかっていても、それを基準に考えるようになってしまう。これは、自分でつくってしまったものに恋をして、そこから抜けられない状態と言ってもいい。

それに、どんなにデジタルツールが便利とはいえ、プロトタイプをつくるにはそれなりに時間もお金もかかるので、またやり直したくない、という思考にもなりやすい。**その結果、結局プロトタイプが〝本物〟として独り歩きし、それに縛られて、その後にはさらなる良い案は出てこなくなってしまうのだ。**

だから、アイディエーション段階で、手描きでざっくりとした（想像の余地を残している）ビジュアライゼーションをするのは、イマジネーションがかき立てられるのでいいが、デジタルツールによるイメージが固まってしまう正確なプロトタイプづくりは、早くやりすぎないほうがいいのだ。

ムダなコミュニケーションをしていないか

アイディエーションを行ない、ざっくりとしたビジュアライゼーションができたら、その後に考えたいのはチームで行なうコミュニケーションについてである。

単刀直入に言ってしまうが、私はミーティングなどのコミュニケーションの時間や機会はもっと減らしたほうがいいと思っている。

情報共有は必要だが、方向性のすり合わせなどと称するコミュニケーションが多すぎるのは問題だ。中には、コミュニケーションのためのコミュニケーションがムダに発生していることも少なくない。

当然、そのための資料づくりや準備に時間がとられるわけで、それに追われて、本当にすべき仕事の時間が削《けず》られているのは本末転倒ではないだろうか。

形骸《けいがい》化しているコミュニケーションについては、頻度を減らし、本当に有意義なものだけに絞るべきだ。そのほうが、真剣にコミュニケーションに臨める。

よく「テーマを決めずに定時報告会のようなものを設けましょう」という提案がくることがあるが、ほとんどの場合、私は断っている。本心を言えば、「そんな暇はない」。

さらに言えば、そうした場で20ページも30ページもあるような資料を渡されたり、見るのに1時間もかかるようなスライドを用意されたりすることがあるが、これもムダだと思う。

ミーティングにやたらとページ数が多い資料を用意してしまうのは、「完成度」というものに対する日本人の誤解があるのではないかと思う。資料が多ければ多いほど、あるいは資料が詳細であればあるほど、それが完成度の高さだと思っている節がある。

しかし、それは完成度ではない。本当に完成度の高いものとは、要点をギリギリまで絞り込み、それぞれの要点の強度が高いものである。そこにこそエネルギーを費や

すべきだ。見せかけの完成度では、人の心に訴えることができない。

また、日本の会議では、何も発言をしない参加者がいることが多いが、これもNGだ（それもあって、ブレストの参加者は5人が理想と前に述べた）。

私が働いていたイタリアなどでは、会議やミーティングの場に呼ばれて行って、そこで発言しないと、「あいつは何のために来ているんだ」と思われて、2度と呼んでもらえなくなる。

どんなにきれいなデザイン画を持って行ったところで、何も発言しないで帰ってきたら、もう仕事はもらえない。だから、常に考えて、ストックを用意しておいて、何かを発言しなければいけない。「沈黙は金」ではないのだ。

とは言え、そこで的外れなことを言ってしまうと、それもまた次から呼んでもらえないことになる。だから、気の利いたことを言わなくてはいけない。

見方を変えれば、その緊張感が、ビジネスパーソンを鍛えるのだと思う。

バカにできない「議事録」の役割

コミュニケーションに関しては、「議事録」の大切さについても述べておきたい。

特に最近は、日本国内でも諸外国の人々と一緒に仕事をするのが当たり前になりつつある。ミーティングなどで使われる言葉が英語だということも珍しくない。

すると、ミーティングの現場では何となくわかったつもりになっていることでも、実は本当に理解はしていないということが起こり得る。

それが、後々トラブルの原因になることがあるのだ。

そうしたことを防ぐためにも、ミーティングが終わったら、その日話し合われたことや合意したことなどを、参加者がそれぞれ議事録という形にまとめ、それを交換し合ってお互いに確認したほうがいい。

ちなみに、その議事録は、発言の責任を明確にするためにも各参加者が自分で書く

べきだ。

日本の企業や組織では議事録をまとめるために部下を帯同していたり、わざわざ議事録作成者を用意したりすることがあるが、それもムダの一つだ。誰かに書かせるのではなく、自分で書いてほしい。それだけでも、コミュニケーションに参加する人数を絞れる。

私はイタリアのピニンファリーナ社で働いているときに、ミーティングで3カ国、4カ国語が行き交うことが日常《にちじょう》茶飯事《さはんじ》であった。だからこそ、議事録の大切さが身に染みている。

ミーティングが終わった後で、その日の内容をみんなが理解できる英語のドキュメントにし、それを交換して、お互いに承認するというルールにしていた。

きちんと議事録を作成することが大切だという背景にあるのは、「相手が自分の言っていることを理解していない」という基本的な認識である。

日本人は「話せばわかる」と思っている人が多いが、「話してもわからない」、あるいは「話しただけではわからない」というのが世界の常識だ。

アメリカで働いていたころは、話したことは50%しか伝わらないと言われた。イタリアに行ったら、70%は伝わらないと思えと言われた。そんな感覚なのだ。**だから、日本のように話し言葉に過大に頼りすぎるコミュニケーションは問題がある。自分の言っていることを相手が100%理解していると思うこと自体が、大きな間違いなのだ。**

そして、それは日本人同士でも変わらない。日本人は、日本人同士が日本語を使ってコミュニケーションしている限り、自分が話したことが伝わっていると思いがちだが、実はそうでもない。よくよく確認してみると、意外と伝わっていないことに気づくはずだ。

「聞く」ことで見えるようになること

阿川佐和子《あがわさわこ》さんの本に『聞く力』（文藝春秋）という1冊があるが、**コミュニケーションのポイントは、相手に対して主張したり、伝えたりすること以上に、まさに相手の話を聞くことだと思う。そちらのほうが、はるかに大切である。**

主張することは、ある意味、簡単なことだ。

しかし、相手から話を引き出し、しっかり聞いて理解することは意外と難しい。だから医療の世界には問診学というものがあるし、ケアの世界では傾聴《けいちょう》が重要視される。

そこまで大げさな話でなくても、祖父や祖母からお小遣いをもらいたいときや、何かしてもらいたいときは、まずは祖父や祖母の話を聞いてあげないといけないという経験をした人もいるのではないだろうか。

そのあたりの駆け引きは、大家族で育った人が上手だ。

テレビなどで阿川佐和子さんが聞き手として出演している番組を見るといつも感心するのだが、**相手から話を引き出すために、必ずと言っていいほど刺激的な質問を投げかける。**それは聞くために彼女が持っている技法の一つである。そうしたところは私も見習いたいと思っている。


そこから翻《ひるがえ》って考えれば、**相手に話を聞いてもらいたいと思ったら、相手の立場に身を置くことだ。つまり、自分が聞き手だったらどうだろうかと想像することである。**

それはそのまま、この後に続くプレゼンテーションの要《かなめ》にもなるのだが、たとえ目の前のチームメンバーやクライアントを相手にしたプレゼンであっても、その先にその商品を実際に買ったり、使ったりしてくれる人を想像できなくてはならない。

そういう人たちに対する情報発信の場として、プレゼンを捉える必要がある。潜在的な顧客を想定し、その人たちが望んでいることや、置かれている環境などに思いを馳《は》せ、商品の背景にあるストーリーやエピソードを相手の立場に立って伝えることが大切だからだ。

相手の話を聞くこと、聞いている人を想像しながら話をすること、それこそが本当の意味でのコミュニケーションだと思う。

「何を伝えたいのか」をクリアにできているか

アイディエーション、ビジュアライゼーション、そしてコミュニケーションのポイントを見てきたが、その先にあるのが、プレゼンテーションである。

これまた、ビジネスパーソン向けに、効果的なプレゼンテーションの技術や方法について解説する本やサイト記事が数え切れないほど出回っている。

さらには、プレゼンのシナリオや資料作成を代行するコンサルタントまでいる。

私もテクニックを学ぶこと自体を、完全否定はしない。

だが、あまりにも技巧に走ったり、それを偏重したりするのは間違いだと思う。

そもそもプレゼンとは、完成したものを人に伝える手段である。その完成したものに魅力がなければ、どんなに技巧を凝《こ》らしたプレゼンをしたところで、人に受け入れてもらえないだろう。不十分なアイディエーションやコミュニケーションから生まれた商品は、すぐに見向きもされなくなる。

また、プレゼンは「伝え方」に本来の目的があるわけではない。**むしろ大事なのは、「何を伝えるか」が明確になっていることだ。**

完成した商品に魅力がなければ、一体何を伝えるというのだろうか。そこで伝えられるものは、ある種の誇大広告に等しいものになるだろう。下手をすれば、「フェイク」と言われかねない。

だから、日本でプレゼンのお手本のように称賛されるＴＥＤ（Technology Entertainment Design）に対しても、私は懐疑《かいぎ》的だ。私自身も過去にスピーチしたことはあるのだが、ＴＥＤのスピーチはEntertainmentという言葉が入っていることからわかるように、あくまで一種のショーなのだ。肝心の「何を伝えるのか」への視点は欠けている。

それでも日本人はＴＥＤを「世界を揺るがすスピーチ」と崇《あが》め、プレゼンターの技術に目と耳を奪われている。それもこれも、日本人はプレゼンが下手だという自覚の裏返しだろうか。

確かに英語圏では、日本人のスピーチにそうしたネガティブな評価が下されている。事実上手とは言えない。はっきり言って、下手だと言っていいだろう。

ただし、それは日本人が個人として、本当に伝えたいものを持ってプレゼンに臨んでいないからだ。会社の代表としてプレゼンの現場に立っているだけで、自身が心から伝えたいことがないのだ。

日本のビジネスパーソンがプレゼンをするときに決定的に欠けているのは、「自分

たちがつくったものはこんなに優れている。これをあなたたちに伝えたい」という自信だと思う。

その代わり、会社の理念や行動指針のようなミッションステートメントについて一所懸命に話す。しかし、聴衆が聞きたいのは、それがどれほど魅力あるもので、その人がどんな思いでつくったのかということなのだ。

逆説的に見れば、日本人は「相手にどう受け取られるだろう」と、気にしすぎなのではないだろうか。それが、プレゼンなどで意見表明を1人でしなければならない場合に顔を出している。もっと堂々と自分の見解を述べればよい。

「私はつくり手として、個人として、絶対にこれを伝えたい。伝わらなければ、それは相手が悪いのだ」というくらいの強い信念を持って、徹底的に伝えたいことを伝える。すると、不思議と伝わるものだ。

「モノ」から「コト」へと消費対象が変化した時代のプレゼンとは？

魅力ある商品ができた、それについて是非とも伝えたいことがある、そうしたらどう受け取られるか以上に、まずは思いを堂々と発信するように、と述べた。

というのも、その意気もないプレゼンでは、その先でいくらテクニックに走っても意味がないからだ。**先程の指摘は、日本人が外しがちだからこそ伝えた大前提にすぎない。少し経験を積んでそのレベルを超えたら、プレゼンの仕方に工夫を凝らせるようになる必要がある。**

現在では、3Dビジュアル、ビデオ、ホログラムなど、文字通りデジタルツールを駆使したプレゼンが主流となり、かつてと比べて格段に精度が上がっている。

やはり、可能な限りプレゼンはリアルなほうが、クライアントや消費者はわかりやすいので、しっかりとつくり込まなくてはならない。

ただし、ここで大事なことは、プレゼンをする対象が誰なのかということだ。

デザイナーやエンジニアなど、いわゆるモノづくりのプロを対象とするプレゼンと、クライアントの営業担当者や一般消費者を対象とするプレゼンでは、当然、プレゼンの内容が違ってくる。

前者が対象であれば、極論を言えば、手描きの絵でも十分だ。しかし、後者を対象とするのであれば、内容をよく考えなくてはいけない。


一般消費者へのプレゼンにおいても、スペックやスタイリングを力説する例を目にすることが多いが、それをしても一般の方々には魅力がなかなか伝わらない。というか、それでは開発者の独りよがりと見なされかねない。

それよりもやはり、Chapter.4で挙げたように、物語性などに焦点を当てた内容にすべきである。現代の消費者が求めているのは「モノ」ではなく、「コト」なのだ。

そのうえ、恐れずに言ってしまえば、一般の方々はちょっとした印象で判断してしまうケースが多いので、使う言葉から話のつなぎまで、慎重に考えなくてはいけない。

そうしなければ、そのモノの本当の姿や魅力について正確に知っていただけないし、正しい判断もしていただけない。

だからこそ、コミュニケーションの中でプレゼンテーション（の考案）にかける時間というのは増加している。

いまやモノづくり全体に占める3分の1以上は、いかにプレゼンテーションを行なうかを考えることにあるというのが、私の実感である。

そして、一つ付け加えれば、プレゼンテーションのシナリオやスピーチの原稿は、社長であれ、誰であれ、プレゼンをする登壇者本人が自分でつくるのが基本だと、私は思っている。それに部下を使うべきではないし、逆に自分でつくれないなら、良いプレゼンにはならないので、しないほうがよい。

最近うまくいっている海外の企業では、社長が自らスピーチを書いているし、プレゼンの内容も自分で構成している。そうした仕事のために、どれだけの社員が自分の本来やらなければいけない仕事の時間を奪われているか考えたほうがよい。

それが社内人材をムダにしていると思わないような経営者は、経営者として失格である。**自分でやらないから、自分の言葉でパワフルに語れないし、スピーチづくりがどれだけの作業量になるのか理解できない。働き方改革にも反している。**

自分でやっていればそのあたりの塩梅《あんばい》もつかめ、社員を過度に追い込むような要求をしないようになるのではないだろうか。

そこに「カスタマーエクスペリエンス」はあるか

このChapterでは、

①企業としての最終目的（やりたいこと、売りたい商品）をはっきりとさせてから、販路等の収益の上げ方や展開するサービスを逆算で考えていくことの重要性

②そうしたプラン策定能力をつけるうえでの、日常からの課題発見力と、解決策の仮

説のストック
③プランイメージを膨らませ、より面白い案を引き出すためのアイディエーション
④チームでイメージを共有しやすくするためのビジュアライゼーションと、円滑に仕事を進めるためのコミュニケーション
⑤商品を発信するうえでのプレゼンテーション
といったことについて、主に見てきた。

しかし、深めていくと個々のケースも異なってくるので、あくまで基本としての話であると理解してほしい。
そのうえで、このChapterの最後のポイントとして、「モノ」から「コト」の消費へと移り変わってきた時代の中で重要となる「カスタマーエクスペリエンス」をデザインすることの話をしておきたい。

読者の中には、工業製品のような「モノ」づくりはイメージがつきやすいが、サー

ビスのような無形の「コト」を開発する場合には、何をポイントにしたらいいのか、と疑問を持たれた方もいたのではないだろうか。

私は、「コト」の開発をする場合、顧客や消費者がその「コト」を実際にどのように利用し、それによって暮らしやライフスタイルがどのような変化をし、どんな感想や実感を持つのか、という点をいかにして明確に示せるかが重要だと思う。

そして、そのためには、顧客や消費者がそのサービスと〝どこで最初に接点を持つのか〟ということを知っておかなければいけない。

それは販売戦略の一環でもあるわけだが、そのサービスをお客様は販売店のようなところで直接買うのか、代理店を通して買うのか、あるいはインターネットサイトから買うのか、テレビショッピングのような形で買うのか、まずははっきりさせなくてはいけないのだ。

というのも、それによって、生み出す「カスタマーエクスペリエンス」もまったく違うものになってくるからだ。

このChapterの初めに出てきた車の例で言えば、今でもほとんどの人は、ディーラーの店舗に直接出かけて行って車を買う。**そうなると、ディーラーでの体験がカギを握ってくることが容易に想像できる。**

お客様が自分のビジネスとの接点でどのように過ごすかを考え、売り手側はその機会に、お客様にどのような環境や体験を提供できるのかを考えなくてはならないのだ。

しかも、それだけで満足せずに、これまでなかった接点を増やしていく試みも必要となってくる。

再びヤンマーの例になるが、ヤンマーは2019年の4〜10月という期間限定で、東京駅前という立地に、「THE FARM TOKYO」というバーベキューもできるビアテラス&ベーカリーカフェをオープンさせた。

このベースには、このChapterでも紹介した「農機具の購入者である農家を経済的に助ける」「農家の販路までつくっていく」ということがあったわけだが、この試みは、その過程で生まれた前出の「ライスジュレ」（グルテン・添加物フリーの商品）を知っても

ヤンマーが期間限定でオープンした「THE FARM TOKYO」

らうことや、生産者と消費者をつなげるための食体験、という演出でもあったのだ。**これも、これまではB to B企業だったヤンマーが、to Cにアピールできるように、接点を増やすデザインをした結果なのである。**

東京駅の目の前という都会の真ん中で、食と自然と人とをつないだ食体験は、話題性もあってメディアにも取り上げられた。たくさんの方に来場いただき、成果を上げることができたわけだ。

こうした目立つ接点をつくり出す試みの面白いところは、それによって消費者

だけでなく、社内のスタッフたちが、自分たちの会社のアイデンティティや、やろうとしていることを改めて認識できることだ。

そこから逆に、どんな「モノ」や「コト」をさらにつくらなければならないのかが膨らんでくる。

ビジネスとして、これからの時代に脱皮して進むべき道が見えてくるからこそ、既存の分野でも年間何台製造しなくてはならないのか、どのくらいの年間売り上げや利益率が必要なのか、メンテナンスやサービス拠点はどれくらい必要か、といったことが実感として見えてくるのだ。

自分たちのビジネスにカスタマーエクスペリエンスをいかに盛り込んでいくのか。「モノ」から「コト」売りに変わる時代のビジネスデザインには、欠かせない観点であろう。

「業態」まで変えていくデザインのために

「カスタマーエクスペリエンス」の話をした流れで、このChapterの最後に、カスタマーエクスペリエンス・ブランドデザイン・ストーリーデザイン・収益のデザイン……といったことを複合的に盛り込んだ例として、鉄道業のことを挙げておきたい。

鉄道は、業界で言えば何業だろうか。一般的には運輸業と考えられているのではないだろうか。確かに昔はそうだったかもしれない。しかし今は違う。実はサービス業である。

日本の鉄道は、JRも私鉄も世界的に技術力が高く、運行管理面では時刻表通りに正確に輸送する。**だが、安全・確実に人や貨物を輸送するのは当たり前のことであって、それによる収入が鉄道会社を支えているわけではない。**

現実的に言えば、鉄道会社の収益の大きな部分は、鉄道事業の運賃収入ではなく、ホテルや商業施設などの関連事業が占めている。すなわちサービスに負うところがきわめて大きい。

ところが、肝心の鉄道会社がこの現実についていけていなかった。

私自身、運輸とサービス業を分離するのではなく、両者を融合して鉄道そのものをサービス業と位置づけるようなデザインをしたいと、かねがね考えていた。

その中で、JR東日本からの依頼によって生まれたものが、「トランスイート四季島」(以下「四季島」)である。

2017年5月1日に運行を開始したクルーズトレイン「四季島」は、10両編成で定員は34名。

上野から塩山《えんざん》、姨捨《おばすて》、会津若松《あいづわかまつ》を回る1泊2日のコース・白石《しろいし》、松島《まつしま》を経て青森へ行き、復路で鳴子《なるこ》温泉に寄る2泊3日のコース・日光《にっこう》、函館《はこだて》を経由して登別《のぼりべつ》を訪れ、復路は日本海側を縦断する3泊4日のコースがある。

さらに、年末年始など季節によっては別コースも用意されている。

運行開始に先立つ発表の時点で、各メディアは「四季島」を「富裕層を顧客に想定した豪華寝台列車」と報じた。

3タイプの客室が合計17室。3泊4日コースの場合、旅行代金の最高価格は94万円（2名1室利用で1名あたり）が基本設定である。

そこで私は、鉄道業をデザインし、新しいビジネスをつくるためにも、「四季島」プロジェクトについて、JR東日本の経営陣に大きな提案をした。

「お客様から高額な料金を頂戴するのですから、料金相応もしくはそれ以上のカスタマーエクスペリエンスを持ち帰っていただきたい。そのためには筋の通ったサービスを提供しなければなりません。

ですから車両の内外装だけでなく、列車のネーミング、ロゴ、乗務員の制服、提供する料理の器、車内の備品、待合室や駅舎、すべてをトータルデザインでプロデュースさせてください」

クルーズ・トレイン「トランスイート 四季島」

これには先方も驚かれたようだった。トータルでプロデュースさせていただけるのなら、お受けしたい――尊大に映ったかもしれないが、当初は車両のデザインだけのつもりでの依頼をくださったＪＲ東日本も、私の提案意図を受けて、リクエストを了承してくださった。

それまで日本国内では、鉄道を利用して3日間とか4日間かけて質のいい旅をするということがほとんどなかった。先例としては、ＪＲ九州が運行する「ななつ星in九州」があるくらいだ

JR東日本のフラッグシップとして開発した

った。

しかしご存じのように、ヨーロッパには「オリエント急行」をはじめとする豪華列車による旅がたくさんある。

それを東日本の自然や風土、文化の中で展開するにはどうしたらいいだろうか。車でも、船でも、飛行機でもなく、鉄道でしかできない旅とはどのようなものだろうか。それを考えてコンセプトを煮詰めていくことになった。

さらに言えば、社会的な変化に対して、現場で働く人たちの意識改革の一つの大きな道具として「四季島」を使

ってもらいたいという思いもあった。

そのためにも、「四季島」にはJR東日本のブランドイメージを引っ張る「フラッグシップ」としての機能を持たせなければならない。

JR東日本が提供するすべてのサービスのピラミッドの頂点として「四季島」を位置づけることで、全体の裾野《すその》も広げていく。

そうした考えの集大成が「四季島」であった。

一貫した「ビジネスデザイン」をどう生み出すか

上野駅の13番線ホームに、「四季島」専用のラウンジ「PROLOGUE四季島」がある。そこではクルーが乗客にウエルカムドリンクを振る舞い、旅がはじまる前の独特の予感を楽しんでいただく。

また旅を終えて帰着した際も、フェアウェルパーティが開かれる。まだ旅は続く、という未来への予感を味わっていただくためだ。

ラウンジ内を見渡せば、これから訪れる旅先の伝統工芸品が目に入るはずだ。

そもそも「四季島」というネーミングは日本の古い国号である「敷島《しきしま》」に由来し、そのコンセプトは、日本の魅力を伝えることがベースにある。

これがこのプロジェクトのすべての基盤であり、この設定こそが重要だ。

そして、これを具体的なところまで落とし込んでいくために、「日本の魅力を伝える」——の下に三つのテーマを掲げた。

①日本の高い鉄道技術を詰め込んだ「走る鉄道ミュージアム」
②日本の四季が生み出した食材を味わう「超豪華なダイナー」
③日本の「モノづくり」文化の奥深さに触れる「地場産業ミュージアム」

「四季島」が運行する東日本の各地には、日本の「モノづくり」が集約されている。

だから各地域の魅力を情報発信して、地域の活性化に貢献しようと、車両の調度品や内装には「PROLOGUE四季島」に展示した伝統工芸品、特産品を取り入れた。たとえば5号車のラウンジと6号車のダイニングには、秋田木工（秋田県）のテーブルとチェア。「曲木《まげき》」という木材に圧力をかけて曲げる手法で製作される家具だ。

1号車と10号車にある展望車および客室のカーペットは、オリエンタルカーペット（山形県）の手織り絨毯《じゅうたん》。他にも岩鋳《いわちゅう》（岩手県）の南部鉄器、小林硝子《こばやしがらす》（東京都）の江《え》戸切子《どきりこ》など、「和」の要素が詰め込まれている。

こうした伝統工芸品を選定するのに、議論を重ねたことは言うまでもない。

ダイニングに関して、キッチンクルーの総料理長と副料理長を交えミーティングしたときなどは、料理の内容からはじまり、サービスの仕方、リネン、食器まで話し合った。

この場合、サービスなどのソフト面はともかく、食器というハード面は実物を前に話したほうが合理的だ。そのため、カトラリー（金属製の洋食器。ナイフ、フォーク、スプーン類）については、当社のメンバーがサンプルを収集した。そのうちの一つが、新潟県燕市にある山崎金属工業の製品である。

燕三条《つばめさんじょう》（燕市と三条市）の金属加工は江戸時代初期以来の伝統を持つ。そのいくつかをサンプルとして持ち帰り、再度のミーティングを開いた結果、山崎金属工業に「四季島」オリジナルのカトラリーをお願いすることになった。


また、同じ燕市の玉川堂《ぎょくせんどう》が製造する鎚起《ついき》銅器（一枚の銅板を叩いてつくる銅器）を、車内を飾る花器に採用させていただいた。

「四季島」の旅程には、こうした伝統工芸の工房見学（下車観光）が組み込まれている。玉川堂も、その1カ所だ。

乗客は職人の手技に間近で接し、伝統という歴史が紡《つむ》ぐストーリーを知る。列車に戻れば、見学された「匠《たくみ》の技」の記憶とともに内装や調度品をご覧になって、地方に息づく日本の文化を再発見されることだろう。

そして展望車の車窓からは、美しい日本の景色がゆっくりと流れ去ってゆく。

秋田木工を取り入れた6号車のダイニング

専用ラウンジ「PROLOGUE四季島」に展示された各地の特産品。
車両の調度品にも採用され、旅で訪れる各地の魅力を伝えている

目的地への移動が目的ではない旅。そこには移動する空間と時間に身をゆだね、日常の生活では気づくことのない二重、三重の発見がある。

「四季島」に乗ることが旅の目的となる。そして出発から帰着までの旅程を、思い出深いカスタマーエクスペリエンスとして持ち帰っていただく――。

こうした全体のストーリーデザインと、そのために必要となる「モノ」選び、「コト」の提供が一貫してできてこそ、既存の業態をも飛び越える、スケールの大きな新ビジネスをつくりだす力も生まれてくるのだと確信している。

「四季島」におけるお金のデザイン

ブランドづくり、ストーリーデザイン、カスタマーエクスペリエンス、どれも大事なことだ。

とはいえ、それのために赤字を垂れ流すわけにはいかないのも事実だ。実際、「四季島」の開発費は約100億円ものお金がかかっている。だからこそ私は、どのようにこのコストを回収するかに興味があった。乗客の方々に高額な旅行代金をお支払いいただくにせよ、乗務するクルーや駅員の人件費をはじめ、ランニングコストは「豪華寝台列車」相応の負担が強《し》いられる。

つまり旅行代金（運賃）の収益だけでは、開発費とランニングコストを回収するのは難しいのだ。

そこで私は、鉄道業の「新しいビジネス」を考案した。その一つが、参加企業が「四季島」の調度品である伝統工芸品やアメニティを「四季島ブランド」で販売できるようにすることである。そうすれば、各地の職人や企業も喜んでくださるビジネスモデルになれるし、結果として開発費を圧縮することもできる。

「四季島」専用でつくってもらった品々の開発労力や費用もムダにならない。限られた車両数で使う分の生産だけで終わらずに、一般消費者用にもっと生産して収益を上げることができるのだ。

こうしてはじまった「四季島ブランド」の商品は、フェイスタオル、箸《はし》置き、ボールペン、グラスマット、絨毯など、各種販売されている。

「四季島」という大きなプロジェクトにおいて、ＪＲ東日本だけの単体の売り上げを追うのではなく、観光資源として波及する新しいビジネスの発展も計算に入れていく。

もちろん、ＪＲ東日本としても、「四季島」に乗られたお客様が、「四季島ブランド」の商品をお土産に、その経験を生き生きと語ってくださることで、ブランドＰＲにもなる。語られるご本人にしても、お土産を見て旅を思い出し、また再訪したくなる。すると、新規客もリピーターも増えて、トータルでの収益を上げることもできる。

こうした多くの関係者が喜べて、その後にもつながる流れを生み出すことが、まさにこれまで述べてきた「ビジネスデザイン」なのである。

Chapter 6

未来の社会を
いかにデザインするか

自分のアイデアを枯渇させないために

仕事の依頼があれば、それをする。言わずもがなのことだ。

では、依頼がないときはデザインについて何もしないのか——。

イエスと言う人もいるだろうが、そうであってはいけない。

デザインというのは、スタイリングであれ、全体のビジネスデザインであれ、依頼されていないときも、依頼されていないことでも、考えておくことが重要だ。

身の回りの物事に対して、常に問題意識を持ち、課題を見つけ、それをデザインによって解決するシミュレーションを自分なりに続けることは、誰に依頼されたことでもない。

しかし、それをせずに依頼されたことばかりをやっていては、自分の中にシミュレーションとして貯えた課題発見や解決策のためのパターンのストックが尽きてしまう

のだ。

そうなると、クライアントから期待されたレベル以上のものを提供できなくなってくる。いわゆるネタ切れというやつだ。

期待されたレベルのものができれば、それで上等だと言う人もいるかもしれないが、それでは次も、さらにその次も依頼したいと思わせることはできない。社内プロジェクトであったとしても、再びあなたをリーダーにしようとは思われない。ビジネスデザインは、それほど甘い世界ではないのだ。

私はよくレストランを引き合いに出すのだが、レストランに出かけるときには、「こういうものが食べたい」というある程度の期待がある。しかし、期待通りのものが出てきたら、おそらく「こんなものか」と思ってしまうのではないだろうか。期待を超えるものが出てきてはじめて、「今日はおいしかった。また、来よう」ということになる。

ビジネスデザインも同じなのだ。期待されるレベル以上のものを提供できなければ、また仕事を依頼しようと思ってもらえなくなる。そのためには、常に様々なアイデアを考えておかなくてはならない。

そこで私が意識しているのが、仕事の全体量を10だとするなら、そのうちの2程度は、依頼されていないことに時間を割《さ》くことだ。

私は、そのような取り組みを「インキュベーションプロジェクト」と呼んでいる。

インキュベーションとは本来、事業の創出や創業を支援する活動のことだが、自分たちで仕事をつくり出すという意味で、私はそう呼んでいる。

もちろん、そこで考えたことを企業や自治体などに提案することもあるわけだ。

社会問題の解決にデザインを活かす「インキュベーション」

時代や世の中の変化を見据え、常に身の回りから問題を探し、その解決策を頭の中でシミュレーションしておくことが、ビジネスデザインの第一歩だ。その重要性は再三お伝えしてきた通りである。

そして、それを企業や自治体等に提案していく取り組みを、私のデザインファームでは「インキュベーションプロジェクト」と称している。

つまり先程述べた、「依頼されてはいないが、自分を磨くためにも、事業を創出していくためにも、取り組んでいかなければならない、2の部分」である。

そして私自身は、2の部分にあたるインキュベーションプロジェクトというのは、社会問題・未来への課題を解決するためにチャレンジするものだ、とも考えている。というのも、大企業のビジネスの中では、どうしてもかゆいところに手が届かない部分がある。そうした社会問題の解決にこそ、デザインの力が果たせる役割があると信じているからだ。

こうした思いの中で、私が今まさに取り組んでいるインキュベーションが、「モビリティ」（移動手段）問題である。

近年、高齢ドライバーによる事故の多発など、モビリティに関することが話題となっている。運転免許返納の必要性も声高に叫ばれているが、特に地方では鉄道やバスが廃線になっているケースも多く、若い世代と同居していない老年世代は、マイカーを手放すと移動手段がなくなってしまう。

ちょっとした買いものをしようにも、駅前の商店街はシャッター通りで、５㎞離れたショッピングセンターまでは自力では到底行けない。隣町にある病院に通院しなくてはならないが、そのたびにタクシーを使うしかないので金銭的にも苦しい。

こうして、「交通弱者」や「移動難民」となっている人がますます増えているのだ。

さらにいえば、実は今、こうした問題は地方だけに限らなくなってきているのをご存じだろうか。目立ちにくいが、それなりに鉄道網が発達した都市近郊においても、交通弱者は出てきているのだ。

それを象徴するのが、ラストワンマイル（自宅からバス停や駅まで、あるいは着いた場所

から最終目的地までのちょっとした距離のことを指す）という言葉で、高齢者に限らず、障がい者や病気・ケガをしている人、妊婦、子どもなど、最後の1マイルで苦心している例が数多くあるのだ。

こうした社会的背景を踏まえて、高齢ドライバー問題がここまで話題になる前から、誰に頼まれたわけでもないのだが、私は乗り合いタクシーとバスの中間のような公共交通機関のビジネスデザインを考えはじめた。

プライバシーが確保されるように列ごとにシールドを設けてコンパートメントにしたアイデアを、10年近く前に意匠登録して、腹案を温め続けていたのだ。

コスト、プライバシー、実用性をクリアするモビリティ

２０１８年12月、「東京大学 堀・藤本研究室とタジマＥＶによる共同研究の成果報告会」において、ついに私のインキュベーションプロジェクトは、日の目を見ることになった。

それが、この共同研究（電気自動車の車両運動制御にかかわるもの）において、私が車両設計を担当した、「グリーンスローモビリティ（ＧＳＭ）」という低速車両だった。「ＧＳＭ」は、その後８人乗りとなって「ＧＳＭ８」となるのだが、**これは交通手段がないエリアやラストワンマイルで困っている人々に対して、移動手段を提供したいと考えて、すでに意匠登録してあったデザインを現実化したモビリティである。**

現状では道路交通法などの法律の関係で、実際に道路を走らせる場合、運転手が必要なのだが、将来的には当然、無人運転化を考えている。

「移動難民」問題の解消が期待される「GSM8」

GSM8の大きな特徴は、最高時速が20㎞以下なことだ。この狙いは、販売価格を300万円以下にするためである。それを実現するためのプランが、バッテリーのリチウムイオン電池に「再利用したもの」を使うことだ。

一般的に、普通の電気自動車で1次利用された後のリチウムイオン電池というのは、実はまだ70％ほどキャパシティが残っている。普通の電気自動車に使うにはパワー不足だが、時速20㎞以下で走行するGSM8にとっては、これで十分な容量なのだ。大人8人を問題なく運べて、コストも下げることができる。

また、乗り合いで気になるのは、赤の他人と近距離で隣になるプライバシー問題だが、これについては、車内を運転席の列を含めて各列に2人ずつの4列シートにし、列と列の間にシールドを設けてコンパートメント構造にすることで、知らない人の隣に座るわずらわしさを解消した。

それに伴うコスト面についても、安価でありながら軽量で強度にも優れた透明なポリカーボネートをシールドに使うことで、守られていながら圧迫感のない環境をつくり出した。しかもシールドは上下が開いているので、エアコンを利かせることもできる。

そして実用性という意味での利用方法としては、ガラケーでも使える簡単なアプリケーションを用意した。これにアクセスし、現在地や行きたい場所を入力すると、AIがピックアップや降ろす順番のプログラムを自動的に組んでくれる仕組みになっている。

現段階ではコンピュータが示すコース通りに、ドライバーが運行しなければならないが、自動運転化が可能になれば、運転席も空くので最多で8人が乗車できる。

計算上は、仮に人口が1000人程度の町であれば、おそらくGSM8が2〜3台あれば、そこのほとんどの人の移動に対応できる予測が立っている。

イメージとしては、乗り合いの小型バスを想定してもらえばいい。

まさに、乗用車ではなくタクシーとバスの間に位置する、シェアモビリティである。

大手メーカーではできないことに、イノベーションの種がある

今挙げたこうした事例は、社会問題としても明確なものであり、本来であれば、大企業にその解決を期待したいところでもある。

しかし、そこにはジレンマがあり、こうした発想を実現しようとしても、かえって

大手メーカーでは難しい場合が多いのだ。

というのも、たとえば大手自動車メーカーだと、生産設備などの問題もあり、GSM8のようなものを1台295万円でつくることは困難なのだ。

彼らは1日に同じ車を2000台、3000台とつくって採算が合うような工場の設備規模なり、人員の配置なりをしている。原則として大量生産しないと採算が合わないビジネスモデルになっているのである。

それに対して、今回の私たちのチームは、これを50台製造・販売することを目標としているが、おそらく10台目あたりから採算がとれる計算になっている。それ以上は、売れるだけ利益が上がる。

つまり採算分岐点をかなり低く設定できているわけだが、それというのも、その製造を10人程度で行なっているし、もともとインキュベーションプロジェクトなので、それほど開発費がかかっているわけではないからだ。そこも大手メーカーとはモデルが違う。

逆に言えばビジネスデザインの描き方次第で、大企業ではないからこその小回りを利かせてうまくいくこともあるのだ。このやり方にこそ、普通では赤字になりやすいような社会問題解消へのチャレンジの糸口があると思う。

今、私たちは、GSM8の製造を東日本大震災からの復興途上にある、福島県で行なおうと思っている。

GSM8の製造には、国内外のメーカーのリチウムイオン電池を各個のコンディションに合わせて再パッケージし直し、モーターと組み合わせてパワートレイン（エンジンでつくられた回転力を駆動輪《くどうりん》へと伝える役割を担っている装置類）にしてコンパクトに組み立てる、という工程があるのだが、その先の最終的な車両組み立てをいわき市や郡山《こおりやま》市の鉄骨屋さんの町工場で、現地のおじさんやおばさんたちとやろうとしているのだ。組み立て工場などに対する補助金もいただき、プロジェクトはすでに動きはじめている。**こうした事例が増えれば、地方に雇用を生み出すこともデザインできるわけだ。**

とにかく、私たちは大手の自動車メーカーができないこと、やらないことを徹底的にやって、自動車業界にイノベーションを起こすことを考えている。

最近手掛けている仕事やプロジェクトの中で、今一番の情熱を注いでいるのが、この電気自動車のプロジェクトだ。

私はこうしたモデルが、これからの社会的課題を解決し、なおかつ地方復興、地方活性化にも果たせる役割があると期待している。

官民で臨む「空飛ぶクルマ」プロジェクト

モビリティに関しては最近、官民入り乱れて様々な新しいアイデアが出てきている。

その中で私の会社も参加して進められているのが、空のモビリティに関するプロジェクトだ。

その名もずばり、「空飛ぶクルマ」。おそらく誰もが子どものころに空想したであろう空飛ぶクルマが、近い将来に現実のものになろうとしている。

このプロジェクトは、経済産業省の若手有志が中心となり、国土交通省と合同で進めている、まさにインキュベーション型のプロジェクトだ。

私は、その実現に向けて官民の関係者が集《つど》う「空の移動革命に向けた官民協議会」のメンバーの一人である。

2018年12月に取りまとめられたロードマップでは、事業者による空飛ぶクルマの利活用の目標として、2023年の事業開始が掲げられている。

そもそも空飛ぶクルマとは、どのようなものだろうか。

ロードマップでは「『電動・垂直離着陸型・無操縦者航空機』などによる身近で手軽な空の移動手段」とされているが、イメージとしてはドローンとヘリコプターの中間のようなもので、人を運ぶ乗り物を想像してもらえばいいかもしれない。

経産省を中心に進む「空飛ぶクルマ」プロジェクト。
イメージ画像の離島間での移動・輸送をはじめ、
様々な状況での活用が想定されている

その活用例としては、たとえば都市部では渋滞を避けた通勤・通学、山間部や離島では海や山を越える移動手段、さらに物流や災害時などの人やモノの移動・輸送手段など、様々なケースが想定されている。

アメリカのボーイング社やヨーロッパのエアバス社など海外の航空機メーカーでは、現在すでに「アーバンエアビークル」「フライングタクシー」「パッセンジャードローン」など、新しい空のモビリティに関するプロジェクトが進められている。

エアバス社はすでにブラジルのサンパウロでオンデマンドのヘリコプターサービスを開始しており、空港に到着して連絡すれば、4人乗りのヘリコプターが迎えに来て、日本円にして1人あたり約1万5000円で街まで乗せてくれるサービスだ。

とはいえ、日本で「空飛ぶクルマ」を実現するためには、電動化や自動化などの技術開発はもちろん、機体の安全性や技能証明などの基準や制度を整備する必要がある。また、国民の間に空飛ぶクルマに対する興味や期待を喚起することも大切である。そこでプロジェクトでは、「空飛ぶクルマ」が実現した未来を描いた「さあ、空を走ろう。—Let's drive in the sky.—」という2分間のプロモーションフィルムを制作した。私はそこで「空飛ぶクルマ」のデザインを担当している。YouTubeに動画がアップされているので、興味のある方は、ぜひご覧いただきたい（https://youtu.be/7-G_C4DTWXQ）。

このプロジェクトに、私たちは文字通り手弁当で参加している。すぐに利益が出るわけでもなく、みなさんの中には抵抗感をお持ちになる方もいるだろう。しかし、災害時や緊急時に力を発揮する期待があることも事実である。

また、海外では先んじて飛行機メーカーがサービスや開発をはじめていることもあって、ただ手をこまねいていては、日本だけが取り残されてしまうことにもなるだろう。「空飛ぶクルマ」をもとに、さらなるイノベーションが芽生える可能性だってあるわけだ。

そうしたことからも、長い目で見て、日本に新たな可能性をつくっていくためには、やはりこうしたインキュベーション型のプロジェクトに、積極的に参加していくことが大切だと思っている。新しいものを敬遠しないことも、未来づくりには大切なのだ。

未来をつくる人材育成のためにも、変わるべきキャリアデザイン

アイデアを枯渇させないための意識、そして社会的課題を解決するようなインキュベーションの実例についてみてきたが、ここからは最後のポイントとして、「未来のための人材育成のデザイン」について少し触れたい。

というのも、仮説を立てることや、現場でヒアリングすること、インキュベーションプロジェクトを立案すること等々について様々に本書で触れてきたが、**それを効果的に機能させるためには、やはりある程度の「経験」が必要となるからだ。しかもその経験も、できれば多様であったほうがいい。そのほうが、物事を様々な角度、視点から眺められるためだ。**

Chapter.5で、ビジネスデザインを「問診する医者」にもたとえたが、医者は内科や外科などの専門分野に分かれているのが一般的だ。しかし、はじめからそうだったわけではない。

一通り様々な診療科を学んでから、最終的に自分の専門分野を選ぶ。その専門分野の診療に、直接ではないにしろ、それまでいろいろと学んだ経験が活かされるのだ。

残念ながら、日本はそうした多様な経験がしづらい社会慣習や教育体系になっている。スペシャリストを育てることには熱心なのだが、本当に有能なジェネラリスト（専門性のないジェネラリストではなく、専門性を身につけつつ、分野をまたいで活躍する人材）を育てようとはしていない。専門バカは多いのだが、多方面に目配りが利く総合力のある人間は少ない。

そもそも、日本の学校教育の体系がフレキシブルではないのだ。高校2年生ぐらいで理系と文系に分けられ、そこからごく一部の人を除いて、その分類のまま大学や専門学校に進学し、就職していく。

最近でこそ転職がキャリアとして認められるようになってきたが、それでも以前の職種とまったく別の職種に移る人は、そう多くない。

営業の人は営業だし、エンジニアはエンジニアのままだ。異分野へ転向することができにくい社会慣習だし、人々の心情もそうなっている。

私は日本の美大を卒業した後、アメリカのデザインスクールに進んだ。

日本で文系のデザイン教育を受けてグラフィックデザインでもやろうと思っていた人間が、アメリカで理系のデザイン教育を受け直し、同じデザインでもまったく異なる車のデザインを手掛けるようになった。

そういう再スタートを切るのに、アメリカは寛容な社会であり、そのための社会的な仕組みも整えられている。また、人々もそれが当たり前のことだと思っている。

たとえばアメリカでは、一度大学を卒業して就職し、そこで働いて貯めたお金でもう一度、大学に入り直して勉強するということが普通に行なわれている。

アメリカのデザインスクールに入学して驚いたのは、すでに24歳になっていた私(新入生としては年を食っているほうだろうと思っていた)が、40人のクラスのうち、若いほうから数えて2番目だったことだ。クラスメートのほとんどは自分で仕事をしてお金を貯め、再び大学に入った人たちだったのだ。

また、私は後にそのデザインスクールで工業デザイン学部長を経験したが、そのときに41歳の新入生が入学してきた。それまでまったく違う業界で働いていたのだが、

「どうしても車のデザイナーになりたい」ということで大学に入ってきたのだ。

その彼は現在、アメリカの自動車メーカーでマネージャーをやっている。本人もたいしたものだが、そうした人を入学させる大学も、雇用する会社もたいしたものだと思う。

それに対して日本は、再スタートが切りにくい。大学新卒で就職して、そこで失敗すれば、やり直すことが難しい。

失敗に対する社会的なプレッシャーが強いし、失敗した本人も罪悪感を持ってしまう傾向がまだまだ強い。アメリカでは逆に、失敗した人ほど評価されるのに、だ。

失敗経験がある人のほうが、「一度、失敗しているから、もう失敗しないだろう」「失敗したから、そこから何かを学んだはず」と思ってもらえるのだ。

日本もそろそろキャリアについて、システムをデザインし直すべき時期に来ている。

失敗しないことの恐ろしさこそ、知るべきだと思うのだ。

社会をイノベーションできる、深くて広い知見を獲得するために

海外でこうした教育、キャリアの再スタートを見てきた結果、帰国後に感じたのは、**日本では専門領域に特化する時期が早すぎて、他の領域の見聞を広げる時間がない、ということだ。**

そのために非常に狭い範囲でしか、ものを考えることや見ることができない。いわゆる料簡《りょうけん》が狭く、偏った見方をする人が多くなってしまう。

だから、「さて、問題はどこにありますか？」と聞かれたときに、自分の経験や知識の中に比較するものがないので、「専門ではないのでわかりません」と答えざるを得ないのだ。そういう構造的問題に日本人は陥っている。

それは長い目で見れば、日本の社会にとって非常にマイナスなことなのだ。

一方海外では、特定の領域に特化したスペシャリストを「I型人材」と呼ぶのに対し、専門分野や得意分野を持ちながらも、その周辺領域まで理解できる人を「T型人材」と呼んで、ビジネスにイノベーションを起こすには、異分野との融合で化学反応を起こせる「T型人材」こそが必要だと叫ばれた時期があった。

これは、デザイン思考を世に広めたIDEO社のティム・ブラウンが、「自分の核となる深い専門知識を持つ側面」と「コラボレーションによって専門外の技能を広げられる側面」を併《あわ》せ持った人材を「T型人材」と定義したことにも由来している。

この動きは現在ではさらに進んで、T型を進化させた「Π（パイ）型人材（二つの専門分野を兼ね備えた人材）」や「H型人材（強い専門分野を持ちつつ、他の専門分野の人材とつながる能力のある人材）」の必要性さえ叫ばれるようにもなっている。

ただし、私の経験から言えば、Π型やH型を目指すために、次々違う分野に手を出していけばいいのかというと、それもうまくないと感じている。

確かに専門バカでは困るし、そうならないためには異分野や他業種で働いた経験を糧《かて》に再スタートを切ることは大切なのだ。しかし先程と言っていることが逆説的になるが、**一つの領域を徹底的に掘り下げることで、他の領域が見えてくることもある、と感じるのだ。**

というのも、私自身、車のデザインを徹底的に掘り下げたので、車以外の他の分野や業種のことも見えてきた。それによって、いろいろな業界に対してアドバイスできるので、デザインコンサルティングが可能になっている。

その意味では、今の私の結論としては、やはり一度はI型を志向すべきだと思う。そのうえで、T型やΠ型、H型へと変わっていくべきだと考えている。

確かに転職はいいことだと思う。「これが自分のやりたいことだ」というのが見えた場合には、それを実現するために改めて学び直したり、それをやらせてくれる職場や業界に移ったりして再スタートを切ってほしい。多様な人材が社会に増えるという意味でも有用である。転職に対する「35歳限界説」などという、くだらない考えにも惑《まど》わされないでほしい。

ただし、経験値が十分得られる前に次々と業種、業界を変えることは、その人間の本当の意味でのキャリアにはつながらないことも理解しておいていただきたい。でなければ、どこへ行っても通用するスキルなど身につけることはできないからだ。

「デザイン」に課せられる、未来創造への期待

T型やH型というのは単に人材の類型の話にとどまらず、ビジネスの進め方にもあてはまると思う。

Tにしろ、Hにしろ、横棒はコミュニケーションやコラボレーションの機能を意味すると見なしてよいが、**これだけ業界や業務内容が細分化されてくると、やはりその間を上手につないで問題や課題を解決する人材が求められる。**

その役割を担うのが、現在では「ビジネスデザイン」ができる人なのだ。

と言うのも、デザインという領域には、様々なパートや部署からの情報がプロジェクトのかなり早い時期に集まってくる。それを調整していくのも、デザイン担当者の役割となる。

たとえば車の開発の場合、かつてはエンジン→シャーシ→ボディ→スタイリングという具合に、順を追って段階的に行なっていたが、今はそれが同時並行で進められることがほとんどだ。

そうなると、要所、要所での情報共有や正しい判断の積み重ねが大切になってくる。その流れをつくるプロデューサー的な役割が、今デザインディレクターに求められているのだ。**いわば、プロジェクト全体やその関係者・関係部門すべてに「横軸を通す」のが、「ビジネスデザイン」の仕事なのだ。**

さらに、もう少し付け加えれば、外に向けてのプレゼンテーションや広告・宣伝戦略、マーケティングや販売戦略まで含めて、デザイナーが担うようになってきている。特に海外の企業では、そうした傾向が顕著だ。

たとえばモーターショーなどで社長が最初に登場してビジネストークをした後で、実際に車のプレゼンテーションを行なうために登壇するのは、チーフエンジニアではなく、デザインディレクターであることが、海外ではここ20年ほど前から当たり前になっている。

それは、商品の開発において決定的に重要だという意味ではなく、開発プロセスの全体を通してスタイリングがデザインディレクターが重要な役割を担っているということの証《あかし》である。

これまで日本では、教育制度や企業慣行などの条件もあり、そうした役割がデザイン担当者に求められることは、一部の例外を除いてほとんどなかった。

だが、最近になってそれができるデザイナーが日本人の間にも出てきた。

とは言え、その数はまだまだ少ない。

そうしたことができるデザイナーを養成することも日本の未来のための一つの方策だが、その役割を担うのは、何もデザイナーでなくてもよい、というのも一つの考え

方である。

そこで求められるのが「ビジネスデザイン」ができる人材なのだ、と改めて言っておきたい。

Epilogue

一番大切な人の5年後の誕生日プレゼントを考えてみよう

Epilogueまで筆を進めてみて、ここで改めて「デザイン」とは何なのかと、私自身、考えをめぐらせてみた。

そこで行きついた私の中の答えが、「デザインとは、自分の一番大切な人の5年後の誕生日プレゼントを探すこと」であった。

みなさんは、こう言われてどう思われただろうか。

5年後の誕生日プレゼントを探そうと思ったとき、そこではまず、相手がどういう人なのか、という明確なビジョンを描く必要が出てくる。

改めて相手のことを知るために、「最近どういう映画を観たんだろうか」「何を食べたんだろうか」といったことを徹底的にリサーチする。あの人だったら、「こういうときにはどうするだろうか」「どんなふうに考えるだろうか」と。

でも、夢のない話だが、結局のところ5年も先のことなので、本当の正解はわからない。なぜなら、本人に直接たずねたとしても、相手自身が5年後に何をほしいかなんて、わからないから。

しかし、デザインというのは、それでも考え続けることなのである。

そして考え続けると、ある境地にたどりつく。

究極的には、「あの人が何をほしいか」ではなく、「自分があの人に対して一番上手にしてあげられることは何なのか」「自分が何をすれば、あの人を喜ばせることができるのか」と、考えの対象が自分自身に反転してくるのだ。

その結果、「あの人にとって、自分はどういう存在なのだろうか」否、「そもそも自分とは何なのだろうか」というところまで考えは向かうことになる。

その果てにあるものは、「あの人に自分はこれをしてあげたい」「これをやったら絶対あの人に喜んでもらえる」という確信めいたものの発見だ。

加えて、「これで喜んでもらえなかったら、それは仕方がない」というあきらめも。

だからこそ、デザインを考えるとき、私たちにとってもっとも重要になるものは、「自分自身のアイデンティティ」なのだ。

ビジネスに広げて考えてみれば、自分たちの会社や団体はどういう存在なのか、お客様が自分たちに何を期待し、それに対して自分たちが何を提供できるかということになってくる。

結局、デザイナーであれ、ビジネスパーソンであれ、最終的に目指すところは同じであり、考え方のプロセスも共通している。その中で大切なことは、「自分を表現できる道具やツールを持つこと」なのだ。

だから、デザインと聞いたとき、本当はひるんだり、身構える必要など全然ない。人それぞれ自己表現しやすい方法はいろいろで、私の場合はそれが絵だった、というだけなのである。音楽が得意だという人もいるし、文章だという人もいるだろう。あるいは映像であったり、トークやスピーチであったりするかもしれない。

ここまでデザインについてのいろいろな手法や考え方をお伝えしてきたが、究極的には、どんなものであっても、あなたが込められるものであれば、ありなのだ。

本書の知識を片方の頭で理解しつつ、もう片方の頭ではそれぐらいもっと自由に、考えを広く持っていてほしい。

さあ、みなさんも、大切な誰かのために、自分がもっとも上手にしてあげられることを考えてみよう。それこそが、本当の意味での「クリエイティブツール」であり、あなたにとっての武器なのだ。

職業は関係ない。誰だって、今からクリエイティブな人になれる！

そのエネルギーこそが、イノベーションを巻き起こす原動力となるのだ。

Be creative, Be innovative.

2019年10月

奥山清行

画像提供協力
（五十音順）

株式会社ウォーターデザイン
セイコーウオッチ株式会社
ダイソン株式会社
千葉工業大学 未来ロボット技術研究センター
バルミューダ株式会社
東日本旅客鉄道株式会社
ヤンマー株式会社
KEN OKUYAMA DESIGN

ビジネスの武器《ぶき》としての「デザイン」

令和元年11月10日　初版第1刷発行

著　者　奥《おく》山《やま》清《きよ》行《ゆき》

発行者　辻　浩明

発行所　祥《しょう》伝《でん》社《しゃ》

〒101-8701

東京都千代田区神田神保町3-3

☎03(3265)2081(販売部)

☎03(3265)1084(編集部)

☎03(3265)3622(業務部)

印　刷　萩原印刷

製　本　積信堂

ISBN978-4-396-61706-6 C0030

Printed in Japan

祥伝社のホームページ・www.shodensha.co.jp